입사 1년 차 교과서

SIGOTO NO GO JIKARA(5 Basic Business Skills for Success) By Toshiro Shiragata

Copyright ⓒ Toshiro Shiragata 2008.
All rights reserved.
Original Japanese edition published by Chukei Publishing Company.

Korean translation rights ⓒ 2012 by Sallim Publishing Co., Ltd.
This Korean edition published by arrangement with Chukei Publishing Company,
Tokyo in care of Tuttle-Mori Agency, Inc., Tokyo through PLS Agency, Seoul.

이 책의 한국어 판 저작권은 PLS를 통한 저작권자와의 독점계약으로 (주)살림출판사에 있습니다.
저작권법에 의해 한국 내에서 보호를 받는 저작물이므로 무단전재와 복제를 금합니다.

핵심인재 1%의 비밀

입사 1년 차 교과서

시라가타 토시로 지음 | 나희 옮김

살림Biz

| 프롤로그 |
일을 잘하는 사람의 5가지 능력

목표달성이 쉬워지는 초일류 업무술

당신은 '업무의 방정식'이라는 것을 알고 있는가?

이는 세계 초일류 기업으로 성장한 교세라의 명예회장인 이나모리 카즈오가 개발한 방정식이다.

$$\text{업무의 방정식} = \text{사고방식} \times \text{열의} \times \text{능력}$$

이 방정식은 '덧셈'이 아니라 '곱셈'이다. 사고방식은 '−'에서 '+'까지, 열의와 능력은 '0'에서 '+'까지다. 따라서 아무리 열의와 능력이 있어도 사고방식이 마이너스인 사람은 헛일을 하는 것이다. 총체적인 결과가 마이너스가 되기 때문이다.

본질을 꿰뚫고 있는 이 방정식은 직장인이라면 반드시 숙지하고 있어야 할 업무 공식이다.

뭘 해도 잘되는 사람에게는 특별한 1%가 있다

후나이 종합연구소의 후나이 유키오 회장이 말하는 '성장하는 인재의 3가지 조건'은 앞에서 언급한 이나모리 방정식과 거의 비슷하다. 성장하는 인재의 3가지 조건은 다음과 같다.

- 솔직함
- 공부벌레
- 긍정적인 사고

끊임없이 능력을 향상시키는 사람들은 모두 이 3가지를 가지고 있었다. 이를 반대로 생각해보면 이해하기 쉽다.

- 솔직하지 않다.

- 공부하기 싫어한다.
- 부정적인 사고를 가지고 있다.

이러한 3가지 요소를 모두 갖췄다면 성공과는 거리가 먼 사람일 것이다. 후나이 회장은 성공한 수많은 CEO들의 공통점을 분석하여 3가지의 결론을 얻었다고 한다. 솔직함, 공부벌레, 긍정적 사고 바로 이 3가지가 성공의 본질을 꿰뚫는 핵심이다.

오른쪽 그림을 살펴보자. 피라미드의 가장 밑바닥에 '기본적인 사고방식'이 있고 그 위에 '열의'가 있다. 그 위쪽이 모두 '능력'인데 나는 이 능력을 3가지로 구분하여 '기본 스킬(5가지 능력)', '전문 스킬', '매니지먼트 스킬'이라고 정의했다. 그 중에서도 가장 아래에 있는 '기본 스킬'은 모든 직종에 공통적으로 적용되고 모든 일에 기초가 되는 가장 중요한 능력이다.

일의 기초가 되는 5가지 능력
- 대화력
- 사고력
- 쓰기력

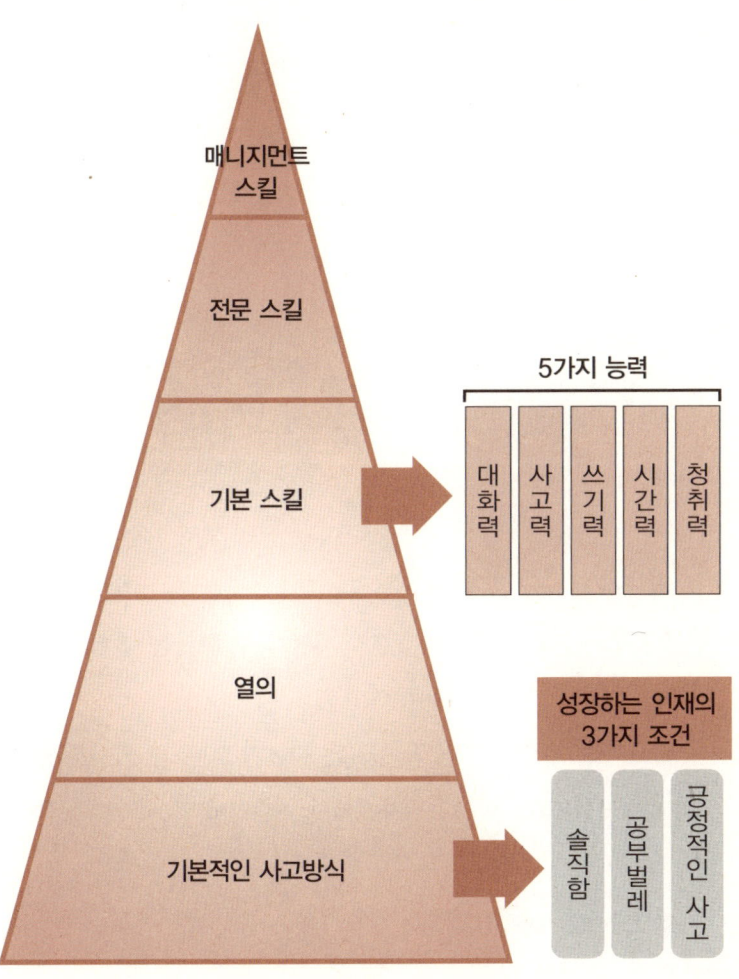

- 시간력
- 청취력

이것이 모든 일에 기초가 되는 가장 중요한 5가지 스킬이다. 특히 직장인이라면 누구나 공감할 만한 업무의 기본이 되는 것들로서 비즈니스 강의에서 폭발적인 반응과 함께 좋은 평가를 받았다.

이론으로 끝나는 책은 백 날 읽어봐야 소용없다

최근에 서점을 간 적이 있는가?

"그럼요, 자주 가요. 제가 자기계발 공부 하나는 열심히 합니다."

그렇다면 서점에 가면 꼭 들르는 분야가 있는가? 혹시 아래의 키워드를 지닌 비즈니스 자기계발 분야인가?

- 논리적인 글쓰기

- 아이디어
- 시간관리
- 스피치
- 청취력

   나 또한 서점에서 자기계발서를 볼 때마다 내게 부족한 스킬을 익히고 더 강화하고 싶다는 욕구가 샘솟는다. 더불어 이 분야에 많은 사람들이 붐비는 것을 보면서 자기계발에 대해 고민하는 비즈니스맨이 많음을 절실하게 느낀다.
   이런 책들을 보면 모두 그럴싸한 좋은 말만 하고 있기 때문에 나도 모르게 고개를 끄덕이게 된다. 예를 들어 다음과 같은 내용의 책을 읽었다고 가정하자.

   사고력을 단련시키기 위해서는 항상 '왜?'라고 자문을 던지는 것이 중요하다. 어떤 정보를 접할 때마다 항상 '왜?'라고 되물어보자. 그리고 일에서도 '왜 잘 되지 않는가?', '왜 잘 되었는가?'라고 끊임없이 질문을 던지면 사고력을 단련시킬 수 있다.

   이 글을 읽으면 '역시 그렇군요.' '사실 그렇잖아요.'라며 공감할 것이다. 하지만 항상 '왜'라는 자문을 던지라는 조언은 실제로도 실행이 가능할까? 아무리 사고방식을 바꿔야 한다고 조언해도 방법을 모른다면 현실에서는 실현 불가능하다.

나는 컨설턴트라는 직업상 매달 자기계발 스킬을 다룬 관련 서적을 최소 10권 이상 읽는다. 이는 독서를 통한 세미나 준비 목적도 있음을 부인하지는 않겠다. 그래서 많을 때는 한 번에 40~50권까지 훑어본다.

그러나 대부분 '그래, 그 말이 맞아.'라고 생각하게 만들지만 막상 '그런데 어떻게 하면 되는 거지?'라는 의문이 든다. 이론으로 끝나는 책을 읽다 보면 도저히 납득이 가지 않는다. 그래서 나는 '좋은 이야기네…….'로 끝나지 않고 읽고나서 바로 실행할 수 있는 '초간단 스킬'이 담긴 책을 쓰기로 결심했다.

일의 기본이 되는 초간단 비법 20

나는 지금까지 직장 상사들이 업무에서 간단히 실행할 수 있는 비법이 담긴 책을 집필했으며, 그 책은 25만 명의 독자에게 호평을 받았다.

지금까지 줄곧 상사를 위한 책만 다뤘지만 이번에는 입사한 지 1년이 지난 직장인을 위해 언제 어디서든 실행할 수 있는 비법 20가지를 소개하고자 한다.

- 쓰기력
- 사고력
- 시간력
- 대화력
- 청취력

위의 5가지 능력만 완벽하게 익힌다면 한 달 내 업무 실력을 월등히 향상시킬 수 있을 것이다. 나는 이를 '초간단 비법'이라고 이름 붙였다. 이는 다음의 3가지 조건을 모두 충족시키고 있다.

- 어디서나 바로 실행할 수 있다.
- 부담 없이 오래 지속할 수 있다.
- 투자한 시간에 비해 눈에 띄게 빨리 성장할 수 있다.

이것은 이미 '비즈니스 스킬 연수'에서 사용했던 것이며, 실제로 5만 명 이상의 수강생이 뽑은 최고의 방법을 엄선하여 소개한 것이다. 이 책을 읽고 마음에 드는 비법이 있다면 꼭 실행하길 바란다.

| 차례 |

프롤로그 4

1力 01 쓰기력 • 17

보고서 작성의 3단계란? 18
초간단 비법 1_ 누구에게 무엇을 전달할 것인가 생각하라 21
초간단 비법 2_ 핵심 내용만 전달하는 최강 문서 작성법 27
초간단 비법 3_ 문서는 반드시 지면으로 검토하라 35
초간단 비법 4_ 한 문장은 50자를 넘지 마라 38
초간단 비법 5_ 절대로 주어를 생략하지 마라 42

2力 02 사고력 • 47

초간단 비법 6_ 문제가 발생한 이유를 5가지 이상 적어라 48
초간단 비법 7_ 핵심을 3가지로 정리하라 56
초간단 비법 8_ 문제의 해결은 장·단점을 비교하는
　　　　　　　　 것에서 시작한다 70
논리적 사고의 3단계란? 76

3力

03 시간력 • 83

초간단 비법 9_ 일에 순서가 없는 직원이 잘 하는 말,
"깜박했습니다." 84
초간단 비법 10_ 30분 간격으로 메모하라 92
초간단 비법 11_ 해야 할 일은 확실히 수첩에 적어라 97
초간단 비법 12_ 자료 찾아 3만 리,
책상 위에 쌓여있는 서류를 정리하라 100

4力

04 대화력 • 105

초간단 비법 13_ 기억나는 대화는 겨우 7퍼센트,
내용을 의식하지 마라 106
초간단 비법 14_ 미소 띤 얼굴은 아무리 강조해도
지나침이 없다 112
초간단 비법 15_ 구체적인 숫자를 섞어 말하라 116
초간단 비법 16_ 설득의 핵심, 결론부터 말하라 122

05 청취력 • 127

초간단 비법 17_ 이야기를 경청할 준비 자세를 만들어라 128
초간단 비법 18_ 시선만 맞추지 마라,
몸은 반드시 상사를 향해라 136
초간단 비법 19_ 맞장구는 긍정의 인상을 심어주는
마법의 단어 139
초간단 비법 20_ 상대방의 말을 반복해서 사용하라 144

청취력은 왜 중요한가? 146

에필로그 154

01 쓰기력

- **초간단 비법 1**_ 누구에게 무엇을 전달할 것인가 생각하라
- **초간단 비법 2**_ 핵심 내용만 전달하는 최강 문서 작성법
- **초간단 비법 3**_ 문서는 반드시 지면으로 검토하라
- **초간단 비법 4**_ 한 문장은 50자를 넘지 마라
- **초간단 비법 5**_ 절대로 주어를 생략하지 마라

보고서 작성의
3단계란?

보고서 작성의 3단계는 오른쪽 그림과 같다.

이 간단한 3단계가 보고서 작성의 모든 비결이다. 글쓰기가 많이 부족한 사람, 좋은 문장을 쓰지 못하는 사람은 무작정 쓰고 본다. 나도 예전에는 그랬다. 하지만 30초도 안 돼서 문장이 막혀 버린다. 그 다음부터는 심사숙고의 시간이 이어지고, 문서가 완성되기도 전에 컴퓨터 전원을 끄거나 종이라면 쓰레기통으로 직행한다. 무작정 쓰기부터 하는 시간낭비를 줄이려면 어떻게 해야 할까? 오른쪽 그림처럼 3단계만 염두에 두면 당신도 보고서 작성의 달인이 될 수 있다.

보고서 작성의 3단계

1단계 → 문서에 전달하고 싶은 내용을 생각하라.

2단계 → 문서의 구성을 생각하고 전달하고 싶은 내용부터 적어라.

3단계 → 기록한 문서를 검토하여 이해하기 쉽게 만들어라.

가장 훌륭한 문서는 이해하기 쉬워야 한다

비즈니스 문서에서 가장 중요한 것은 단 하나다. 이해하기 쉬우면 그걸로 충분하다. 소설이 아니므로 뛰어난 문장이라든지 아름다운 문장은 지향할 필요가 없다. 가장 기본적인 1차 목표는 이해하기 쉽게 쓰는 것이다. 잘 쓰는 것도, 아름답게 쓰는 것도 아니다. 이해하기 쉽게 쓰는 것, 이것을 항상 염두에 두자.

비즈니스 문서는 상대방에게 정확히 전달되기만 하면 그걸로 소임을 다한 것이다.

자, 이제 본격적으로 문서 작성 초간단 비법을 시작하자.

설득력 높은 문서 작성을 위한 초간단 비법을 소개한다.

초간단비법 ① 누구에게 무엇을 전달할 것인가 생각하라

 자, 당신은 지금 상사에게 세미나 보고서를 제출하라는 지시를 받고 책상 앞에 앉아 있다. 하지만 어디서부터 시작해야 할지 전혀 감이 잡히지 않는다. 그런 당신을 위해 나는 '기본 쓰기 시트'를 만들었다. 먼저 이 시트부터 적어보자.
 22쪽의 그림을 보면 금방 알 수 있다.

기본 쓰기 시트

1. 누구에게 전달하는가?

2. 무엇을 전달하고 싶은가?

쓰기 전에 생각하는 것이 가장 중요하다

- 누구에게 전달하는가?
- 무엇을 전달하고 싶은가?

우선 책상에 앉아서 가만히 생각해보자. 보고서는 '누구'에게 '무엇을' 전달하느냐 2가지를 만족시키는 것, 그뿐이다. 이 보고서는 누구에게 전달을 하는 것인가? 그리고 그에게 무엇을 전달하고 싶은가? 보고서를 작성하기 전에 생각해야 할 것은 이 두 가지면 충분하다. 이것은 문서 작성 능력 향상의 3단계 중 1단계인 '전달하고 싶은 내용을 생각하라.'에 해당하는 것인데 이를 간단히 실행하기 위한 비법이기도 하다.

그럼 본격적으로 세미나 보고서를 예로 들어 문서를 작성해보자. 참가한 세미나의 주제는 '비즈니스 문서 세미나'라고 가정하자.

먼저 누구에게 전달할 것인가? 물론 상사이다.

두 번째로 무엇을 전달하고 싶은가? 비즈니스 문서를 훌륭하게 작성하는 능력이 향상되면 생산성도 높아진다는 것을 다시 한 번 강조하고 싶다. 이 사실은 꼭 염두에 두기 바란다. 그

기본 쓰기 시트 기입 예시

1. 누구에게 전달하는가?

상사

2. 무엇을 전달하고 싶은가?

나는 경험이 없으므로 비즈니스 문서를 작성할 기회를 달라.

래서 역시 '쓰기 전에 생각한다.'는 첫 번째 공정이 필요한 것이다. 상대에게 전달하고 싶은 내용이 있으면 무엇이든 좋다.

이제 주제가 떠올랐다면 아래의 빈칸에는 '나는 경험이 없으므로 비즈니스 문서를 작성할 기회가 필요해.'와 같은 내용을 적으면 된다. 이것으로 상대방에게 '무엇을 전달하고 싶은가?'를 정리해 보았다.

'정말로 이런 것만으로 괜찮을까?' 하고 의문이 들 것이다. 그러나 괜찮다. 몇 번이고 강조하지만 비즈니스 문서는 소설이 아니다. 상대방에게 오해 없이 전달하면 된다.

어느 문서에나 통하는 기본 쓰기 시트

만약 당신이 미팅에 관련된 메시지를 전달한다고 가정해 보자. 우선 '다음 주 월요일 오후 3시부터 미팅이 있습니다.'라는 내용의 연락 사항 중 무엇을 전달하고 싶은지를 생각하여 적는다. 그리고 만약 사장이 '전원 참가'를 지시했다면 그것을 적으면 된다.

의사록의 경우에는 '회의 참가자에게 무엇을 전달하고 싶가'를 생각하여 '오늘의 결론'이라고 생각하면 구체적으로 그것을 기록하면 된다. 그리고 결론이 나지 않았다는 것을 전달하고 싶다면 그대로 쓰면 된다.

직장인들이 가장 자주 쓰는 것은 보고서 종류나 회람, 의사록, 미팅 연락이나 기획서 정도이다. 이 모두에 활용할 수 있는 것이 '기본 쓰기 시트'이다.

이때 문서를 작성하기 전 다음의 두 가지를 먼저 생각해 보자.

● 누구에게 전달하는가?
● 무엇을 전달하고 싶은가?

앞에서도 말했지만 무턱대고 쓰기 시작하는 것이 가장 위험하다. 쓰기 전에 '전달하고 싶은 내용'을 확실히 생각하면 사람들이 이해하기 쉬운 비즈니스 문서를 작성할 수 있다.

방법 | 쓰기전에 '누구에게? 무엇을 가장 전달하고 싶은가?'를 생각한다.
효과 | 쓰기 전에 생각함으로써 쓸 내용이 명확하게 정리 정돈된다.

초간단 비법 2

핵심 내용만 전달하는 최강 문서 작성법

 여기서 소개할 초간단 비법은 굿 스타일 시트, 다시 말해 '굿 시트'이다. 이는 최적의 문서 양식을 말하는 것으로 문서 작성 향상의 3단계 중 2단계에 해당하는 사항이다. 이를 염두에 두고 문서의 구성을 생각하여 가장 전달하고 싶은 내용부터 적기 위한 비법이다.
 당신은 '문서의 구성'이라는 말을 들었을 때 가장 먼저 무엇을 떠올렸는가? "구성이란 무엇인가?" 이런 질문을 받으면 의외로 명쾌한 대답이 나오지 않는다. 하지만 걱정하지 않아도 된다. 웬만한 사람은 이해하기 어려운 내용이니 완전히 이해할 필요도 없다. 그 대신 최적의 문서 작성 양식인 '굿 시트'를 사용하자. 굿 시트를 사용하면 저절로 완성도 높은 '문서의 구성'을 만들 수 있기 때문이다.

'기본 쓰기 시트' 다음은 '굿 시트'이다

오른쪽의 그림을 살펴보자. 오른쪽 위에 날짜, 왼쪽 위에 받는 사람 그리고 제목이 있다. 다음으로 목적/배경, 결론, 이유의 순으로 이어진다. 단, 네모 칸이 있는 부분은 써도 되고 안 써도 되지만, 결론 부분은 반드시 기입하도록 한다. 그리고 마지막으로 언급할 사항이 있으면 기타에 적어 넣는다.

기입한 내용에 만족한다면 이것을 표준 서식으로 만들어 보자. '기본 쓰기 시트'를 작성한 후 '굿 시트'로 문서를 완성해 나간다. '기본 쓰기 시트'만으로는 생각을 정리하거나 기록할 내용을 정리하는 것으로 끝나게 된다. '기본 쓰기 시트'에서 '굿 시트'로 옮겨 가는 것은 30쪽 그림과 같다.

굿 시트 표준 서식

받는 사람 _____   년   월   일

제목

목적 / 배경

결론

이유

기타
-
-

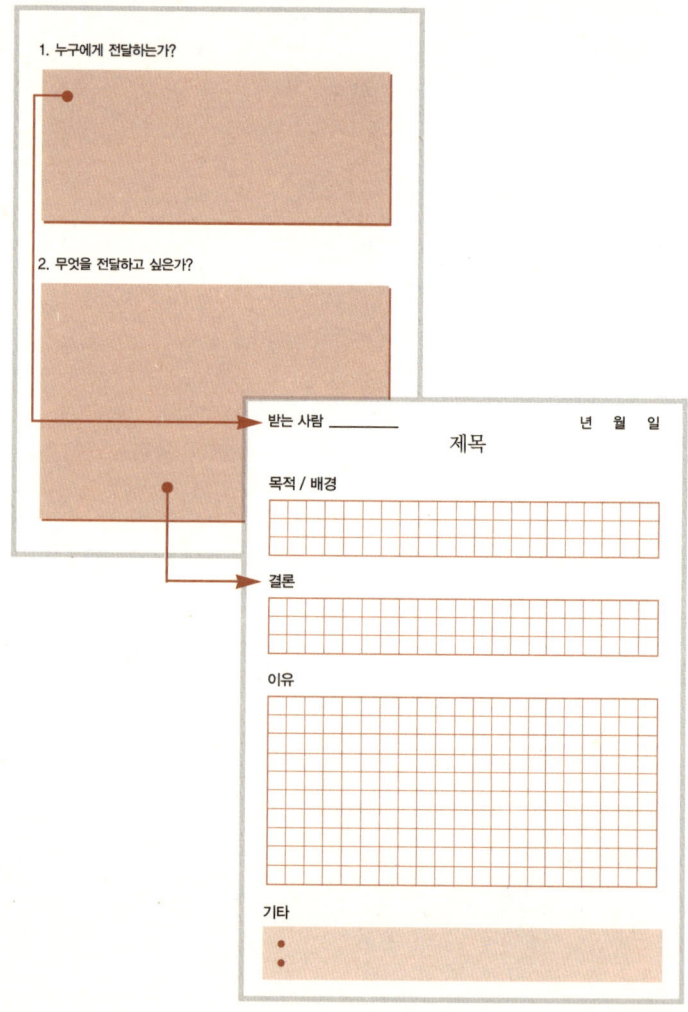

- 누구에게 전달하는가? → '굿 시트'의 받는 사람에 적용한다.
- 무엇을 가장 전달하고 싶은가? → '굿 시트'의 결론에 적용한다.

이와 같이 적용하면 된다. 그리고 결론을 말하기 전에 목적과 배경을 적을 필요가 있다면 적도록 하자. 결론부터 말해도 상관없다면 목적과 배경은 생략해도 좋다. 또 결론에 이르게 된 이유를 언급할 필요가 있다면 기입한다. 마찬가지로 기타 항목도 언급할 내용이 있다면 기입한다.

구체적으로 살펴보면 더 이해하기 쉬우므로 32쪽의 그림을 살펴보자. '기본 쓰기 시트'의 주제와 같은 것으로 작성하자. 이것이 바로 비즈니스 문서 세미나의 보고서다.

받는 사람은 상사이므로 일부러 적을 필요는 없다. 제목은 '연수 보고서', 목적은 '입사 3년 미만 사원을 대상으로 한 비즈니스 문서의 기본에 관한 세미나에 참석했기에 보고서를 제출합니다.'라고 한다.

결론은 '기본 쓰기 시트'의 두 번째 항목인 '무엇을 가장 전달하고 싶은가?'에 해당하므로 "비즈니스 문서 작성 기회를 적극적으로 만들어 비즈니스 문서의 작성 능력을 향상시키고 싶습니다."가 된다. 그리고 그 이유는 32쪽 그림과 같다. 기타 항

최강 굿 시트

받는사람 _____   년 월 일

제목

목적 / 배경

입사 3년 미만 사원 대상의 업무보고서의 기본에 관한 세미나에 참석했기에 보고서를 제출합니다.

결론

업무보고서 작성 기회를 적극적으로 만들어 업무보고서의 작성 능력을 향상시키고 싶습니다.

기타

잘못된 업무보고서는 읽는 사람에게 부담을 줄 수 있으며 시간을 낭비하게 하고 오해를 부를 수도 있습니다. 읽는 사람이 고객인 경우에는 클레임을 걸 수밖에 없습니다. 세미나를 통해 평소 무신경하게 작성하던 비즈니스 문서가 저를 포함한 관계자들에게 큰 영향을 미친다는 것을 실감했습니다. 업무보고서의 기본형을 배웠으므로 이제부터는 실천의 기회를 얻고 싶습니다.

세미나 개요

- **일시** : 2007년 3월 1일 13시 30분 ~ 16시 30분
- **장소** : 토마츠 이노베이션(JR유라쿠초 역 부근)
- **강의 형식** : 집합 연수 방식(워크숍, 이해도 테스트)
- **비용** : 1만 엔

목에는 그림과 같이 세미나 개요를 적어 보자.

이것이 '회람'이라고 하면 제목은 '회람'이 되어야 한다. 목적과 배경은 생략하고 무조건 결론부터 적도록 한다. 예를 들어 '과장님, 심각한 고민이 있습니다. 바쁘신데 죄송하지만 1시간만 내주세요.' 만으로도 충분하다. 그리고 기타 항목에는 '오늘의 작업'으로 무엇을 실행했는지 항목별로 적으면 된다.

기획서 작성법

기획서를 작성해 보자. 제목은 '○○기획서'다. 받는 사람은 '경영 회의 참가자'나 '대표' 또는 '사장' 정도가 될 것이다. 목적과 배경은 '이 기획을 제안하기에 이른 배경은 ○○입니다.'라고 확실하고 구체적으로 기입하자. 그리고 결론은 '○○라는 개혁안을 실행해야 합니다.' 정도가 될 수 있다. 그리고 이유를 '왜냐하면'으로 시작하여 약 3개 항목 정도로 정리한다. 그리고 기타란에 상세한 기획 내용을 기록하면 완성이다.

이 초간단 '굿 시트'를 기본 양식으로 사용하면 시간 대비 상당한 효율성을 성취할 수 있을 것이다.

즉, 이 양식을 최대한 활용하면 '가장 전달하고 싶은 핵심 내용'을 어렵지 않게 글로 쓸 수 있게 되고, 결론에 이른 구체적인 이유를 쉽게 기입할 수 있을 것이다. 다시 말해 논리적 사고가 '굿 시트' 한 장으로 가능해지는 것이다.

방법 | 제목 → 목적 → 결론 → 이유의 순으로 간결하게 기입한다.
효과 | 순서대로 기입하는 것만으로도 최강 비즈니스 문서를 완성할 수 있다.

초간단비법 3

문서는 반드시 지면으로 검토하라

실제로 나는 사원들에게 하루에도 서너 차례씩 "문서를 출력해서 검토했나?"라고 재차 확인한다. 문서를 출력하여 지면상으로 검토하면 화면에서 미처 보지 못하고 놓쳤던 문장을 다듬을 수 있고 군더더기 없이 매끄러워지기 때문이다.

"비즈니스 문서는 이해하기 쉽기만 하면 된다고 했잖아요!"라고 불만을 재기하는 사람도 있을 것이다. 그러나 다음 설명을 잘 들어보자.

문서는 반드시 출력하여 검토하라

모니터로 검토하면 백발백중 실수가 있다

 요즘 신입 직원들은 워드프로세서나 엑셀로 문서를 작성하고 모니터에서 바로 확인하고 수정한다. 결국 최종 프린트물은 문서가 완성된 후가 된다. 신입 직원뿐만 아니라 직장인이라면 대부분 비슷하다.

 하지만 모니터로만 문서를 확인한다면 반드시 실수가 나타난다. 지금 당신의 책상에 있는 문서를 살펴보자. 모니터로만 확인을 끝낸 문서라면 실수나 오류가 있을 것이다. 그러나 문서를 출력하여 검토하면 모니터로 확인했을 때보다 몇 배로 정리된 문서를 만들 수 있다. 이것은 책을 출판하는 출판 관련 전문 편집자들이라면 반드시 거치는 방법이므로 반드시 실행하자.

방법 | 문서를 완성했으면 반드시 출력하여 지면상으로 검토한다.
효과 | 문서를 출력하여 검토하면 몇 배 이상의 효과가 있다.

초간단 비법 ④

한 문장은 50자를 넘지 마라

  잘된 보고서는 한 문장이 50자를 넘지 않는다. 앞에서 작성한 '굿 시트'에서 여백이 50칸밖에 없었음을 알고 있는가?

  보고서에서 한 문장이 쉼표 또는 접속사 등으로 계속 이어지면 너무 지루하고 이해하기 어려울 수밖에 없다. 훌륭한 보고서의 기본은 간결함이다. 문장을 짧게 끊고, 한 문장은 50자 이하의 길이로 작성하는 습관을 들이자.

  먼저 오른쪽 그림을 살펴보자. '회람을 작성해 보자!'며 의욕이 대단하다. 하지만 출력된 종이를 보고 '문장이 너무 길어 수정을 해야 한다.'는 상황이 연출되고 있다.

출력 문서를 통해 50 단어를 넘지 않는지 재확인한다

다음 문장을 살펴보자. 이 문장은 한 문장이 쉼표로 이어지는 경우다.

ISO9001은 ISO라는 국제단체가 규정한 매니지먼트 시스템의 국제규격으로 품질 매니지먼트 시스템이라고도 부르며, 2000년 개정에서 과거의 품질 중시의 구조에서 고객 만족도의 향상과 조직이 정한 목표를 달성하는 구조 만들기가 요구된다.

이 문장은 120 단어나 되어 이해하기 어렵다. 이것을 50 단어로 수정해 보자.

국제규격의 ISO9001은 조직이 '고객 만족'과 '목표 달성' 구조를 만들 것을 요구한다.

이와 같이 아주 명쾌하고 명확한 문장이 되었다. 따라서 한 문장은 항상 50 단어가 되도록 연습을 하자. '굿 시트'의 경우

'목적/배경'과 '결론'은 한 문장이 모두 50 단어이기 때문에 해당 사항이 없다.

'이유' 부분도 살펴보자. 조금 길어 보이지만 그래도 50 단어다. 이런 사실 하나만으로도 문장의 이해도는 훨씬 높아진다.

> **방법 |** 한 문장이 50 단어 이상이라면 두 문장으로 나누는 등 짧게 만든다.
> **효과 |** 한 문장이 50 단어를 넘지 않아야 이해하기 쉽다.

비법 5 초간단법 — 절대로 주어를 생략하지 마라

다음의 초간단 비법은 주어를 빼놓지 않는 것이다.

아내 : 허구한 날 늦게 들어오고, 어쩌다 집에 있어도 손 하나 까딱 안 하잖아요! 차라리 나가요! 나가!
남편 : 그래도 내(주인)가 없으면 안 되지! 안 그래?
아내 : 별로 그렇지 않거든요? 당신 없어도 잘 살거든요?
남편 : 헉, 이럴 수가!

'절대로 주어를 생략하지 마라'의 이미지를 묘사하기 위해

부부의 대화를 적어 본 것이다. 문장의 주인, 즉 주어를 누락시 켜서는 안 된다는 것이다. 어떤 장르의 책이든 주어가 없는 문장을 읽으면 이해하기 어렵다.

주어를 빼놓지 마라

품질 관리에 문제가 있으므로 출하를 미루어야 한다.

이해하기 어렵다.

주어
R X 78은 품질 관리에 문제가 있으므로 출하를 미루어야 한다.

주어가 있으므로 이해하기 쉽다.

비즈니스 문서의 기본은 잘 전달해야 하는 것이므로 주어가 더욱 분명해야 한다.

왼쪽 그림을 살펴보자.

"품질 관리에 문제가 있으므로 출하를 미루어야 한다."라는 주어 없는 문장에 주어를 넣었다. 이처럼 주어를 생략하고 말하는 사람들이 많다. 확인하는 것도 별로 어렵지 않다.

그렇기 때문에 반드시 '50 단어'와 함께 '주어'를 확인해야 한다. 이해하기 쉬운 문서를 작성하려면 주어가 필수 항목이기 때문이다.

방법 | 문장에 주어가 있는지 꼭 확인한다.
효과 | 문장에 주어가 반드시 있어야 훨씬 이해하기 쉽다.

02

사고력

- **초간단 비법 6**_ 문제가 발생한 이유를 5가지 이상 적어라
- **초간단 비법 7**_ 핵심을 3가지로 정리하라
- **초간단 비법 8**_ 문제의 해결은 장·단점을 비교하는 것에서 시작한다

초간단 비법 ⑥

문제가 발생한 이유를 5가지 이상 적어라

이 비법은 '왜냐하면', 이른바 '이유 시트'이다. 다음을 살펴보자.

- 1단계 : 무조건 '왜?'라고 묻는 습관을 들인다.
- 2단계 : 종이에 기록한다.
- 3단계 : 의견을 교환한다.

이와 같은 3단계는 오른쪽의 '이유 시트' 한 장으로 완성할 수 있다.

이유 시트

주제 :

결론 · 가설 · 명제 등

↓ 왜냐하면

1단계 : 무조건 '왜' 라고 묻는 습관을 들인다

1단계는 '이유 시트'를 사용하는 것만으로 의문을 같는 버릇이 생기므로 안심해도 된다.

2단계 : 종이에 기록한다

처음에 주제를 적어 보자. 다음으로 결론·가설·명제 중에서 어느 것이라도 좋으므로 생각할 주제에 대하여 자신이 느낀 것을 적어 보자. 마지막으로 '왜냐하면'을 계속 적기만 하면 된다. 말로 설명하기만 해서는 이해하기 어려울 수도 있다. 그렇다면 오른쪽의 예시를 참고하자.

주제를 '사고력'이라고 설정해 보자. '결론·가설·명제 등'의 난에는 '사고력'에 관한 생각을 적는다. 예를 들어 '나는 사고력이 부족하다.' 등의 내용이 될 것이다. 그리고 사고력이 부족하다고 생각한 이유를 적으면 된다.

이유는 가능하면 3가지 이상을 적는 것이 바람직하다.

이유 시트 예시

주제 : 사고력

결론 · 가설 · 명제 등

나는 사고력이 부족하다

왜냐하면

- 사고력은 선천적으로 타고나는 것이니까
- 사고력을 배울 필요성을 느끼지 못하니까
- 사고력을 배우는 방법을 모르니까
- 사고력을 배울 수 있는 책을 읽지 않으니까
- 책 읽는 것을 싫어하니까

3단계 : 의견을 교환한다

이제 작성한 이유 시트를 다른 사람에게 보여 주고 의견을 교환해 보자. "이 부분은 모순인 것 같지 않아?"라는 질문을 하면서 정리해 나가면 된다.

내용은 어떤 것이든 상관없다. 자신이 업무에서 느끼는 문제나 과제 또는 고민 등을 결론이나 가설 그리고 명제의 순서로 적어 보자. 그런 다음 '왜냐하면~'이라고 그 이유를 3가지 이상 적어 본 후 다른 사람에게 의견을 구하면 되는 것이다.

이런 식으로 '이유 시트'를 10장쯤 완성해보면 생각하는 작업이 쉬워지고 논리적으로 사고할 수 있을 것이다.

즉 '이유 시트'를 적다 보면 논리적 사고 능력을 익히게 된다.

다른 사람과 의견을 교환하는 것은 의외로 즐거운 과정이다. 다른 사람의 의견을 듣는 것만으로도 자신의 세계가 넓어지기 때문이다.

처음 10장은 훈련이라 생각하고 꼭 시도해 보자.

이유 시트_왠일인지 편

 도요타 사원들의 일처리 방식은 '이유를 다섯 번 묻기'이다. 그러므로 우리도 이유 시트의 '왜냐하면' 부분을 아래의 그림과 같이 활용해 보자.

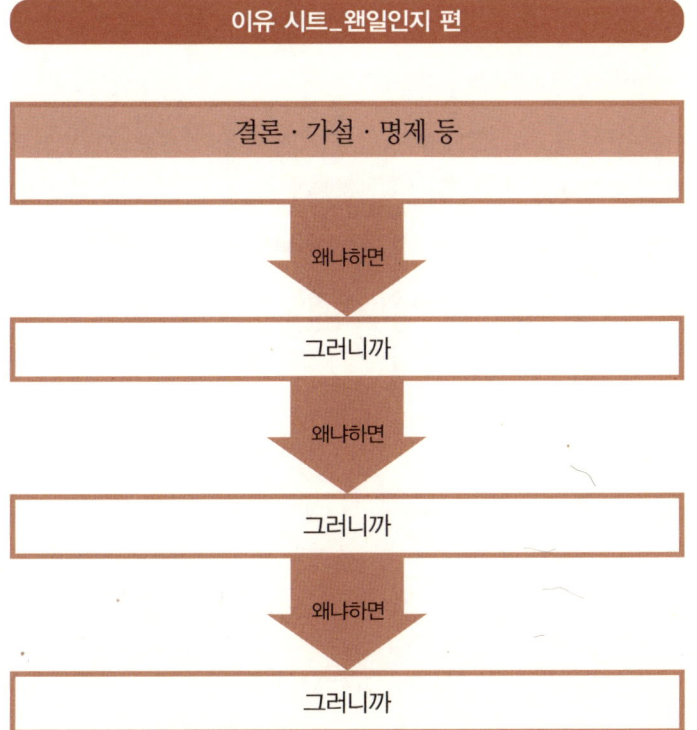

다음 그림을 살펴보자. '결론·가설·명제 등'에 '나는 사고력이 부족하다'가 적혀 있고, 그 이유가 적혀 있다.

결론을 살펴보면 정말 안타깝다. 사고력이 부족한 원인이 '책 읽는 것을 싫어해서'였던 것이다. 이 사실을 알았다면 독서를 좋아하게 될 방법을 찾는 단계로 넘어가면 된다.

'웬일인지 편'은 '이유 시트'보다 다른 사람의 의견을 얻기 쉽다. 살펴보는 사람도 '이 부분이 연결이 안 되는데?' 하며 지적하기 쉽기 때문이다.

나름대로 완벽하다고 생각하여 다른 사람에게 보여 주면 "두 번째와 세 번째 내용이 연결이 안 되네요?"라는 지적을 받을 것이다. 이런 식으로 의견을 교환하여 시트를 완성시켜 나가면 두 사람의 공동 작업이 이루어지는 것이다.

따라서 '이유 시트'에 익숙해지면 '왜냐하면 편'을 사용하여 먼저 의문을 갖는 습관을 들이자. 그런 다음 종이에 적고, 다른 사람에게 설명하여 의견을 교환해 보자. 분명 당신의 사고력을 월등히 향상시켜 줄 것이다.

방법 | 해결하고 싶은 문제에 이유를 대입한다.
효과 | 이유를 종이에 적어봄으로써 논리적인 사고를 할 수 있다.

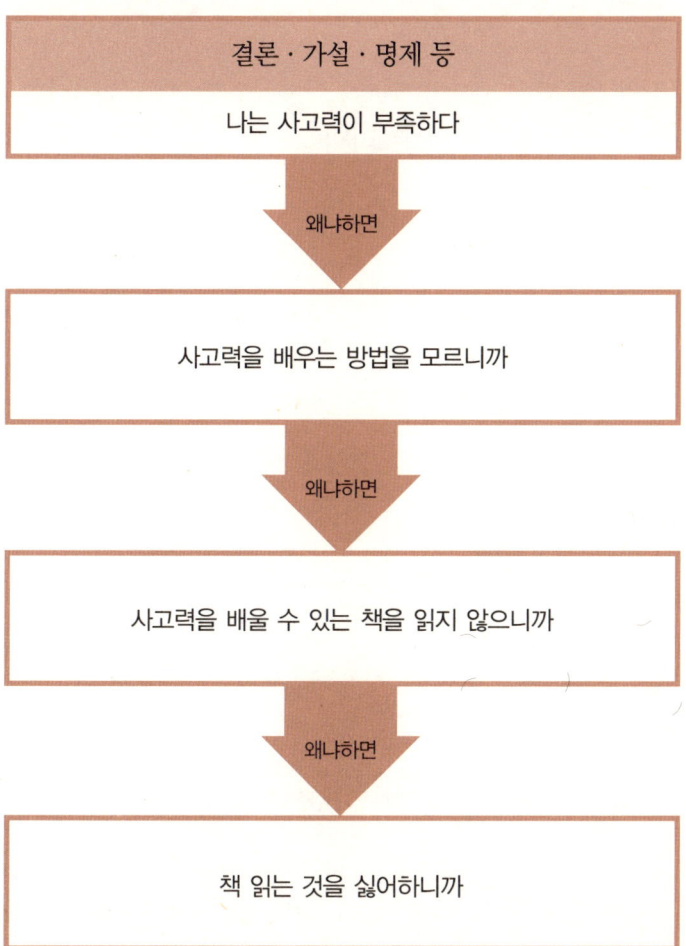

핵심을 3가지로 정리하라

이번에 소개할 비법은 비장의 카드다. 바로 '3가지를 정리하는 훈련 시트'이다.

가장 중요한 3가지를 추린다

그럼, 58쪽의 그림을 살펴보자. 무엇이 적혀 있는지 알 수 있는가?

먼저 왼쪽에는 '이유 시트'의 응용편이다. '왜 ~하지 못하는가?', '~하려면 어떻게 해야 하나?'와 같은 이유들을 전부 적도록 한다. 이때 사람들은 대부분 10~20가지 정도를 적는다. 다음으로 그 중 가장 중요한 것 3가지를 선택한다. 그리고 '왜 이 3가지를 선택했는지' 그 이유를 적는다.

아마도 막상 쓰려고 하면 잘 떠오르지 않을 것이다. 그렇지만 걱정할 필요는 없다. 누구나 처음에는 술술 써 내려가지 못한다. 왜냐하면 사람들은 대부분 논리적 사고력이 부족하기 때문이다. 만약 이유를 적었다고 해도 구체적이지 못하여 그 3가지 내용이 정말 중요한 것인지 의심하게 된다.

이제 10~20가지 정도 기록해 둔 이유를 다시 한 번 천천히 살펴보자. 그리고 틀렸다고 깨달은 3가지 이유를 오른쪽에 적는다. 이렇게 2~3번만 하면 어째서 그것을 선택했는지에 대한 이유를 적을 수 있게 되고, 5번 정도 적으면 '가장 중요한 3가지'가 추려진다.

3가지 핵심을 정리하는 훈련 시트

왜~하지 못하는가?
~하려면 어떻게 해야 하나?

생각날 때 모두 기입하자

A
B
C
D
E
F
G
H
I
J
K
L
M
N
O

가장 중요한 것을 3가지 선택하라.

1.

2.

3.

왜 이 3가지를
선택했는가?

-
-
-

3가지 핵심을 정리하는 훈련 시트

62쪽 기입 예시를 보면서 함께 생각해 보자.

문제의 원인이나 해결책에는 아이디어가 도출되기 마련이다. 하지만 어떤 것이 좋은지 검토하기 위해서는 사고력이 필요하므로 상당히 힘든 작업이다.

첫 번째 사고

주제는 '왜 사고력이 향상되지 않는가?' 이다.

이번에도 수많은 이유를 적어 보았다. 총 15가지다. 역시 10개 이상 적어야 바람직하다. 가능하면 다 적은 후에 잠시 휴식을 취하도록 하자. 그럼, 휴식을 취한 후 가장 중요한 것 3가지를 선택하자.

- 생각하는 것을 잘 못하니까
- 생각하는 센스가 없으니까
- 깊게 생각하지 않고 일을 하니까

이 3가지다. 그리고 이것을 선택한 이유를 들어 보자. 역시 이 부분에서 펜이 멈춘다. 무엇을 써야 할지 난감할 것이다.

두 번째 사고

다른 종이를 꺼내어 두 번째 시도를 해보자. 왼쪽을 보고 가장 중요한 3가지를 다시 생각한다.

처음에는 '생각하는 것을 잘 못하는 것과 센스가 없어서라는 이유는 아닌가?'라고 생각했다가 '방법이나 요령을 몰라서일까?'라고 다시 생각한다. 결국 '하지만 방법이나 요령을 모른다는 것은 결국 책을 읽지 않아서가 아닐까?'라는 생각에 이르게 되어 다음의 3가지를 선택했다.

- 사고력을 배우는 방법을 모르니까
- 사고력을 배우는 요령을 모르니까
- 사고력을 배울 수 있는 책을 읽지 않으니까

그런 다음 '왜 이 3가지를 선택했는가?'를 진지하게 생각해 본다. '이것이 없으면 사고력을 익힐 수 없으니까.' 등의 내용을 생각한다.

3가지 핵심을 정리하는 훈련 시트 기입

왜 사고력이 향상되지 않는가?

생각날 때 모두 기입하자

A 생각하는 것을 잘 못하니까
B 생각하는 센스가 없으니까
C 사고력을 향상시킬 방법을 모르니까
D 사고력을 배우는 요령을 모르니까
E 사고력을 배울 수 있는 책을 읽지 않으니까
F 책을 읽는 것이 싫으니까
G 간단하고 이해하기 쉬운 책이 없으니까
H 사고력을 가르쳐 줄 선배가 없으니까
I 깊게 생각하지 않고 일을 하니까
J 생각하면서 일을 하면 피곤하니까
K 성공하고 싶다고 생각하지 않으니까
L 평소에도 생각이란 걸 하지 않으니까
M 깊게 생각하는 버릇이 없었으니까
N 생각이 나면 곧바로 행동하니까
O 생각한 것을 정리하는데 서투니까

가장 중요한 것을 3가지 선택하라.

① A 생각하는 것을 잘 못하니까

② B 생각하는 센스가 없으니까

③ I 깊게 생각하지 않고 일을 하니까

왜 이 3가지를
선택했는가?

-
-
-

?

이렇게 하면 '확실한 방법이나 요령을 모르면 사고력은 생기지 않는데, 방법이나 요령을 알기 위해서는 책을 읽어야 한다. 앗, 그런데 나는 책 읽는 걸 싫어하잖아!' 라는 생각을 하게 된다.

세 번째 사고
이번에는 왼쪽 항목에서 '책을 읽는 것이 싫으니까'를 선택한다. 그리고 다시 생각한다.

하지만 '간단하고 이해하기 쉬운 책은 없을까? 잠깐, 책을 많이 사서 그중에 이해하기 쉬운 것을 선택하면 되지 않을까?' 라는 생각을 하게 되고, '그럼, 책 이외의 것으로는 요령이나 방법을 익히지 못할까?' 라는 의문이 들 것이다. 이렇게 되면 '사고력에 대해 가르쳐 줄 선배가 없어서인가? 책을 읽고 가르쳐 줄 선배가 있으면 사고력을 익힐 수 있을까?' 라고 결론을 내리게 된다.

또한 '깊게 생각하지 않고 일을 하고 있기 때문인가 봐.' 라는 이유를 들게 되어 다른 3가지 항목을 선택하게 된다.

- 책을 읽는 것이 싫으니까

- 사고력을 가르쳐 줄 선배가 없으니까
- 깊게 생각하지 않고 일을 하니까

그런 다음 다시 '왜 이 3가지를 선택했는가?'를 생각한다.

- 요령과 방법을 알기 위해서는 책과 선배가 있으면 된다고 생각했으니까
- 하지만 책과 선배만으로 부족하니까

이런 이유가 생긴다. 이렇게 되면 '책을 읽고, 선배가 있고, 깊게 생각하여 일을 하게 되면 사고력이 향상될까?'라며 다시 한 번 생각하게 된다.

네 번째 사고

그럼 '하지만 왜 나는 항상 깊게 생각하지 않고 일을 할까?', '그러고 보니 나는 원래부터 일에 대한 열의도 부족하고 논리적 사고력도 없는데'라고 생각하게 된다.

그런 다음 '역시 일에서 성공하고 싶다고 생각하는 것이 우선되어야 할까?'라고 생각하여 '성공하고 싶다는 생각을 하면

3가지 핵심을 정리하는 훈련 시트 기입

왜 사고력이 향상되지 않는가?

생각날 때 모두 기입하자

- A 생각하는 것을 잘 못하니까
- B 생각하는 센스가 없으니까
- C 사고력을 향상시킬 방법을 모르니까
- D 사고력을 배우는 요령을 모르니까
- E 사고력을 배울 수 있는 책을 읽지 않으니까
- F 책을 읽는 것이 싫으니까
- G 간단하고 이해하기 쉬운 책이 없으니까
- H 사고력을 가르쳐 줄 선배가 없으니까
- I 깊게 생각하지 않고 일을 하니까
- J 생각하면서 일을 하면 피곤하니까
- K 성공하고 싶다고 생각하지 않으니까
- L 평소에도 생각이란 걸 하지 않으니까
- M 깊게 생각하는 버릇이 없었으니까
- N 생각이 나면 곧바로 행동하니까
- O 생각한 것을 정리하는데 서투니까

가장 중요한 것을 3가지 선택하라.

① A 생각하는 것을 잘 못하니까

② B 생각하는 센스가 없으니까

③ I 깊게 생각하지 않고 일을 하니까

왜 이 3가지를 선택했는가?

- 요령과 방법을 알기 위해서는 책과 선배가 좋다고 생각했기 때문에

- 책과 선배만으로는 부족하니까

- 성공하고 싶다고 생각하면 깊이 있는 사고를 할 수 있을 것 같아서

일에 대한 열정이 생기겠지? 그렇게 되면 깊게 생각하게 될 거야!' 라는 결론에 이르게 된다.

여기서 '일에서 성공하고 싶다고 생각하지 않으니까' 항목을 생각하게 된다.

그리고 최종적으로 다음과 같은 3가지를 선택한다.

- 책을 읽는 것이 싫으니까
- 사고력에 대해 가르쳐 줄 선배가 없으니까
- 성공하고 싶다고 생각하지 않으니까

그럼, '왜 그 3가지를 선택했는가?' 를 생각한다.

- 요령과 방법을 알기 위해서는 책과 선배가 좋다고 생각했기 때문에
- 책과 선배만으로는 부족하니까
- 성공하고 싶다고 생각하면 깊이 있는 사고를 할 수 있을 것 같아서

이것을 계속 실행하다 보면 자신이 생각한 가장 적절한 항목

3가지를 선택할 수 있을 것이다. 이는 '이유 시트' 다음 단계의 '상급편'에 해당하는데, 3가지로 정리하는 훈련을 함으로써 '사고력'을 향상시킬 수 있다.

다양한 주제를 선택하여 반복 훈련을 해보자.

어떤 것도 괜찮다. 어떤 주제라도 이유를 전부 추출해 내어 중요한 3가지를 선택하기만 하면 된다.

> **방법** | 수많은 해결책을 제시하고 가장 중요한 3가지를 선택하여 그 이유를 생각한다.
> **효과** | 가장 중요한 3가지를 선택하는 과정에서 사고력이 강화된다.

초간단 비법 8

문제의 해결은 장·단점을 비교하는 것에서 시작한다

 자, 이제 사고력을 향상시키기 위한 초간단 비법도 마지막 단계까지 왔다. 바로 4번째 비법인 '장·단점 비교 시트'이다. 이것은 '논리적 사고'를 대신할 새로운 사고방식 중 하나인 '장·단점 사고'를 바탕으로 한 시트다.

 양식은 오른쪽 그림을 참조하기 바란다. 해야 할 일과 하고 싶은 일 등을 적고 그 일의 장점과 단점을 적는다. 여기까지는 그다지 어렵지 않다. 하지만 중앙에 있는 사각 박스를 살펴보자. 숫자가 들어가야 할지 글이 들어가야 할지 판단이 서지 않을 것이다. 안타깝지만 둘 다 아니다. 여기에는 '〈' 혹은 '〉'의

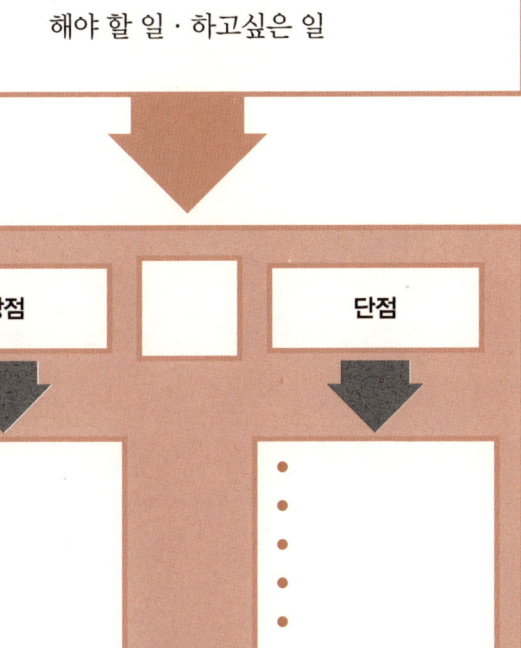

두 가지 부등호가 들어간다. 예를 들어 무언가가 하고 싶거나 혹은 해야 할 일이 있다고 생각했을 경우, 그것을 해야 할지 하지 말아야 할지는 누구나 생각한다. 하지만 대부분 직감으로 판단하게 된다. 이럴 때는 장점과 단점을 저울질한 후 한 번씩 행동해야 후회 없는 결과를 얻을 수 있다.

장점을 생각한다

그럼, 오른쪽 기입 예시를 살펴보자. 지금 해야 할 일을 '사고력을 향상' 시키는 일이라고 하자. 그런다음 '사고력을 향상 시키면 어떤 장점이 있을까?'라는 생각을 하고 밑에 그 장점을 적어 본다. 여기서는 '설득력이 향상된다', '머리가 좋아진다', '과제를 파악할 수 있다' 등이 나왔다.

단점을 생각해 본다

이번엔 단점을 생각하며 오른쪽에 항목을 하나씩 적어 나

장·단점 비교 시트

사고력 향상

장점 〉 단점

장점
- 설득력이 향상된다
- 머리가 좋아진다
- 과제를 잘 파악할 수 있다
- 일을 잘 하게 된다
- 상사에게 칭찬을 받는다
- 인사고과에서 높은 점수를 받게 된다

단점
- 책을 읽어야 한다
- 귀찮다
- 시간이 많이 걸릴 것 같다

간다. 예를 들면 '책을 읽어야만 한다', '귀찮다', '시간이 많이 걸릴 것 같다' 등이 있다.

장·단점을 비교하여 판단한다

항목 수로 결정하는 것도 하나의 방법인데, 질적으로 판단하여 장점이 많다는 생각이 들면 즉시 실행한다. 그리고 그 결과를 부등호 기호로 기입해 넣는다. 우리는 장점만 보고 실행으로 옮기는 일이 많다. 그러나 주의가 필요하다. '해야 할 일·하고 싶은 일'에 대해 단점까지 잘 생각해 보고 그래도 장점이 많은 경우만 실행하는 사고를 할 수 있다면, 일을 처리하는데 효율적이고 객관적인 판단을 내릴 수 있다.

물론 컨설턴트라는 직업을 가진 우리는 해결책을 제안하기 전에 반드시 '단점'도 생각한다. 그리고 장점에서 단점을 뺀 것이 플러스가 될 때 고객에게 제안을 한다.

'이유 시트'를 작성하기 전에 이 초간단 비법을 먼저 실행해도 된다. 이 비법을 먼저 시작하고 나중에 '이유 시트' 레벨로 올라가는 방법도 가능하다. 그리고 어느 정도 능력이 향상되면

'3가지로 핵심을 정리하는 시트'로 단계를 높인다.

'장·단점 비교 시트'는 휴대용처럼 현장에서 바로바로 사용하기 바란다. '지금 이것을 해야만 해.'라고 생각한 경우에 '했을 경우의 장점'과 '했을 경우의 단점'을 동시에 살피면서 일을 진행할 수 있다. 여러 가지 아이디어가 나왔을 때는 더 권하고 싶다. 실제로 일을 처리할 때 활용해 보자.

방법 | 장점과 단점을 비교하면서 판단한다.
효과 | 효율적이고 객관적인 판단을 내릴 수 있다.

논리적 사고의 3단계란?

논리적 사고란?

'사고력'의 사전적 의미는 '논리적 형식에 적합한 사고'이다. 대충 알 것 같은데 아리송한 사람들도 있을 것이다. 이러한 젊은 직장인을 위해 알기 쉽게 바꾸어 보자.

'논리적 사고'란 다시 말해 '조리에 맞게 사고하는 것'을 말한다. 하지만 모든 사람이 논리적인 사고를 할 수는 없다. 실제로 주변에서도 "사고력은 감각적인 부분이므로 불가능해!"라고 말하는 사람을 자주 접할 수 있다. 하지만 걱정하지 않아도

논리적 사고란?

- 일반적인 정의

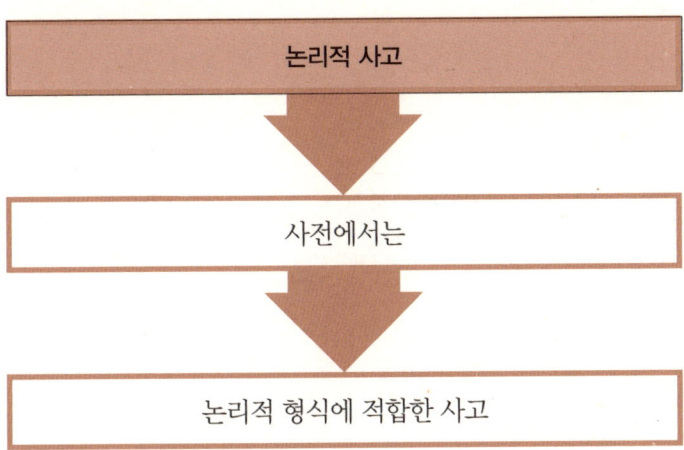

- 쉽게 풀이한 정의

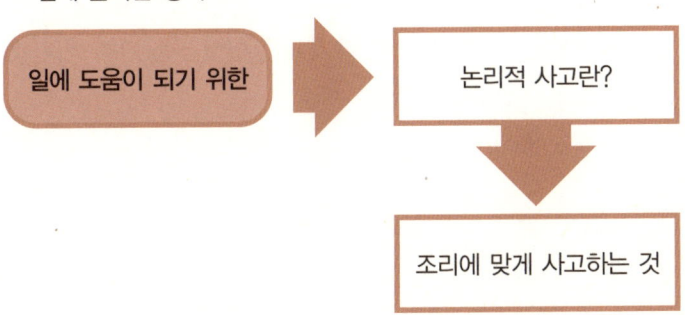

된다. 사고력은 타고나는 감각이 아니며, 100퍼센트 훈련으로 익힐 수 있다.

논리적 사고 향상의 3단계

여기서 '사고력'을 향상시키는 '논리적 사고력 향상의 3단계'를 살펴보자. 3단계는 다음과 같다.

- 1단계 : 왜 습관을 들이는가?
- 2단계 : 종이에 적는다
- 3단계 : 다른 사람에게 설명하고 의견을 교환한다

눈치가 빠른 사람은 위의 3단계가 앞에서 이제껏 설명한 초간단 비법 ⑤, ⑥, ⑦을 실현하기 위함이었음을 알아챘을 것이다.

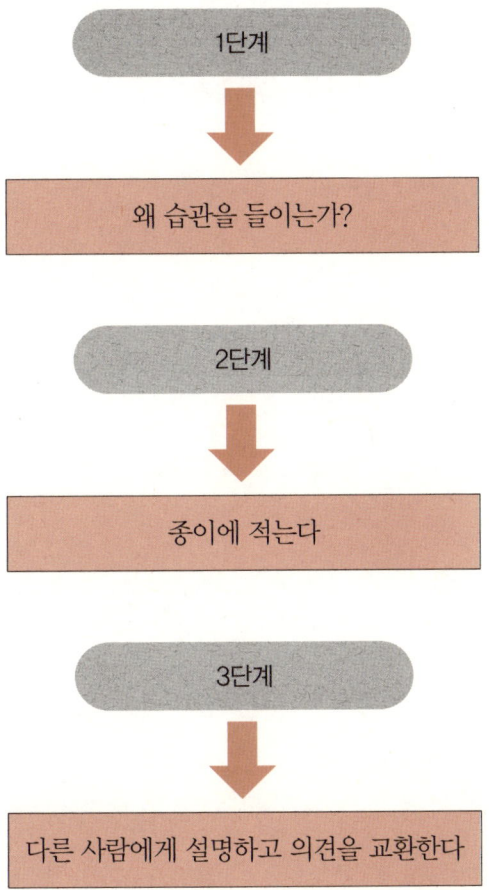

1단계 : '왜?'를 5번 생각한다

먼저 1단계부터 시작하자. '왜 5번'이라는 말을 들어보았는가? 전세계 30만 명의 직원이 매일 '왜? 왜? 왜? 왜? 왜?'라고 5번을 생각한다는 데서 유래됐다.

- 왜 불량품이 생기지? → 설비가 고장 났으니까
- 왜 설비가 고장 났나? → 설비 관리 부문의 점검이 제대로 이루어지지 않았으니까

일반 기업에서는 대부분 이 정도까지만 진행한다.
하지만 도요타는 5번째까지 생각한다.

- 왜 관리가 제대로 이루어지지 않았는가? → ~이기 때문에
- 왜 ~였는가? → ~이기 때문에
- 왜 ~였는가? → ~이기 때문에

이렇게 계속해서 '왜'를 이끌어 낸다. 이것을 다섯 차례 정도 하면 그 원인이 모습을 드러내게 된다. 이것이 바로 2조 엔

의 영업 이익을 달성하는 초일류 기업을 탄생시킨 비결이다. 젊은 직장인들도 평소에 꾸준하게 연습을 하자.

2단계 : 종이에 적는다

하지만 이 습관만으로는 부족하다. 역시 종이에 적지 않으면 안 된다.

'왜 ~인가?' → '이렇기 때문에' → '그럼 왜 그런가?' → '이렇기 때문에'

이와 같이 계속 적어 나가는 것이다.

왜 종이에 적어야 하는지 알겠는가? 잊어버릴까 봐? 아니다. 종이에 적으면 머릿속이 정리되기 때문이다. 컴퓨터 키보드를 두드리지 말고 펜으로 직접 종이에 적어야 한다.

3단계 : 다른 사람과 의견을 교환한다

3단계가 가장 중요하다. 종이에 적은 사항을 다른 사람에게 설명하고 의견을 교환하는 것이다. "저는 이렇게 생각하는데, 당신의 의견은 어떠세요?"라고 물어보자. 이렇게 하면 그 사람은 종이에 적힌 내용을 읽고 "이 부분은 논리적으로 연결이 잘 안 되는 것 같은데요?"라며 냉정하게 의견을 제시해 줄 것이다.

그 의견을 솔직하게 수렴하여 수정해 나가면 된다. 제3자의 눈으로 확인하는 것은 아주 중요한 일이다. 자기 자신이 알아채지 못했던 부분을 다른 관점으로 바라보기 때문이다. 이것을 모두 실행하면 논리적으로 사고하는 것이 어렵지 않을 것이다.

나는 어떻게 하면 이 3단계를 간단히 실행할 수 있을지 무려 5년이나 고민을 했다. 그 과정에서 몇 번의 실패를 거쳐 이끌어 낸 것이 앞에서 설명한 초간단 비법이다.

03

시간력

- **초간단 비법 9_** 일에 순서가 없는 직원이 잘 하는 말, "깜박했습니다."
- **초간단 비법 10_** 30분 간격으로 메모하라
- **초간단 비법 11_** 해야 할 일은 확실히 수첩에 적어라
- **초간단 비법 12_** 자료 찾아 3만리, 책상 위에 쌓여 있는 서류를 정리하라

초비간단법 9

일에 순서가 없는 직원이 잘 하는 말, "깜박했습니다."

자, 시간력 향상을 위한 초간단 비법 첫 번째는 '시간의 달인'이다. 오른쪽 그림을 살펴보자. 한눈에 알 수 있을 것이다. 이것은 절차의 달인이 되기 위한 비법이기도 하며, 미리 확실하게 계획을 세우기 위한 비법이다.

- 1단계 : 내일 해야 할 일을 빠짐없이 기록한다. 물론 이 작업은 전날에 해 두어야 한다.
- 2단계 : 해야 할 일에 순서를 기입한다. 순서가 동일해도 괜찮다. 전날은 여기까지 하면 된다.

시간의 달인

년 월 일

1. 먼저 내일 해야 할 일의 목록을 빠짐없이 기록한다.
2. 다음으로 해야 할 일에 순서를 정하자.
3. 그리고 완료했으면 종료했다는 표시를 써 넣자.

내일 해야 할 일	순서	종료

그럼, 이제 다음 날이다. 어제 적어 놓은 일들을 순서대로 처리하면 된다. 어떤가? 당신은 매일 이런 방법으로 업무를 처리하고 있는가?

"아뇨, 항상 시간에 쫓기기만 하고 할 일을 적어 본 적이 없어요."

시간 관리를 잘 하는 사람이라면 반드시 할 일을 적어 순서를 정한다.

시간 관리에 대한 단 한 장의 조언

어느 날 미국의 아이비 리라는 유명한 컨설턴트가 베들레헴 스틸 사장으로부터 시간 관리에 대한 컨설팅을 의뢰받았다. 그러자 아이비 리는 다음과 같은 편지를 보냈다.

'먼저 반드시 전날에 다음 날 할 일을 적으세요. 그런 다음 일에 순서를 정하여 표시하고 출근할 때 그 종이를 주머니에 넣으세요. 마지막으로 사무실에 도착하면 그 종이에 적힌 순서대로 일을 처리하면 됩니다.'

실제로 사장이 그렇게 실천하자 시간을 관리할 수 있게 되었고, 아이비 리는 지침을 적은 종이 한 장으로 2만 달러의 수입을 얻었다.

시간 관리는 순서를 정하는 데서 시작된다

시간을 잘 사용하기 위한 비결은 '순서를 정하는 것'이다. 일반적으로 중요도와 긴급한 정도에 따라 우선순위를 정하라고 조언하는 책이 많다. 그러나 '중요도가 낮아도 긴급도가 높은 것'이 있다면 당연히 그것을 먼저 처리해야 한다.

따라서 순서를 정하면 더 명확해진다.

89쪽 그림을 살펴보자. 내일 해야 할 일을 적고 순서를 정했기 때문에 위에서부터 숫자가 차례로 내려가지 않는다는 것을 알 수 있다.

하지만 그런 것은 중요하지 않다. 같은 숫자가 계속 이어져도 전혀 문제가 되지 않는다. 목록을 작성하는 것도 전날 밤이 가장 좋지만 당일 아침이라도 괜찮다. 어쨌든 종이에 목록을 작성하여 순서를 정하는 것이 중요하다. 이렇게 하면 빠뜨리는 일이 없게 되고 시간을 잘 사용할 수 있으므로 일처리가 빨라진다.

오른쪽 그림을 살펴보자. 종료 확인란에 'V' 표시가 있지 않은 다섯 번째의 일은 결국 그날 처리하지 못했다. 'C사의 제안서 작성'과 '월차 영업 보고서 작성'이다.

이것은 그대로 다음날로 미루면 된다. 다음날 할 일 목록에서는 첫 번째 항목이 되거나 두 번째, 아니면 또 다른 일이 있느냐에 따라 순서가 달라질 수도 있다. 일단 이렇게 적어 두면 빠짐 없이 일을 순조롭게 처리할 수 있게 된다.

이렇게 목록을 작성하지 않는 사람은 대부분 그날 처리하지 못했던 일은 다음날 깜빡하고 빠뜨리게 된다.

과장 : C사의 제안서는 어떻게 됐나?
직원 : 앗, 죄송합니다. 깜빡했습니다.

이런 경험은 아주 많을 것이다. 그렇기 때문에 '시간의 달인 시트'는 시간 관리의 기본이라고 생각하고 순서대로 처리하자. 빠짐 없이 확실하게 일을 처리할 수 있다.

"하지만 지금도 꼭 해야 할 일은 메모해 두는데요?"

시간의 달인

년　월　일

1. 먼저 내일 해야 할 일의 목록을 빠짐없이 기록한다.
2. 다음으로 해야 할 일에 순서를 정하자.
3. 그리고 완료했으면 종료했다는 표시를 써 넣자.

내일 해야 할 일	순서	종료
영업 회의에 참석한다.	3	V
A사 방문	1	V
B사 방문	2	V
납품처 내사 대응	4	V
C사의 제안서 작성	5	
월차 영업 보고서 작성	5	

여기서 질문을 하겠다. 당신은 '순서'까지 정해서 '매일' 기입하고 있는가?

"그러고 보니 정말 바쁠 때 말고는 메모를 하지 않네요."

이런 습관이 자동으로 베어나오지 않으면 의외로 어렵게 느껴질 수 있다. 그렇기 때문에 간단하지 않으면 오래 지속하지 못하는 것이다.

진정한 시간의 달인은 작업 시간까지 기록한다

자, 이쯤에서 응용편을 소개하겠다. '시간의 달인'이 되었다면 각각의 작업에 '예상 작업 시간'을 30분, 1시간 등으로 적어 놓는다. 이렇게 각 업무를 처리하는데 걸리는 시간을 적는 것이다. 그리고 그날 저녁에 '실제 소요 시간'을 기입한다. 여기서 예상과 실적을 비교하여 다음번에 걸릴 시간을 예측할 수 있다. 이렇게 하면 더 뛰어난 '시간의 달인'이 될 수 있다.

예상 작업 시간은 '순서'란 옆에, 실제 소요 시간은 '종료'란 옆에 기입하면 된다.

일을 목록으로 기입해도 순서까지는 적지 않았다거나, 처리하지 못한 업무를 적지 않는 등 2퍼센트 부족하게 일을 처리해 왔는가? 그렇다면 이 '시간의 달인 시트'를 바탕으로 하여 각자의 독창적인 항목을 추가해도 된다.

내일 할 일을 빠짐없이 적어 순서를 정하는 것을 습관으로 만드는 것만으로 시간 관리의 수준을 향상시킬 수 있기 때문이다.

방법 | 다음 날 할 일의 순서를 정해 놓는다.
효과 | 순서를 정해 종이에 기록함으로써 시간 관리 능력이 상승한다.

초간단 비법 ⑩ 30분 간격으로 메모하라

업무보고를 위한 또 하나의 비법은 '30분 메모'이다.

"알겠어요. 30분 간격으로 수첩에 기입하라는 거죠?"

정답이다. 오른쪽 아래의 그림을 살펴보자. 이런 형식의 수첩은 많이 있는데, '15분~45분' 처럼 시간을 기입할 수 없다. 이것은 비즈니스맨에게는 별로 권장하고 싶지 않다.

1시간 간격 수첩

30분 수첩

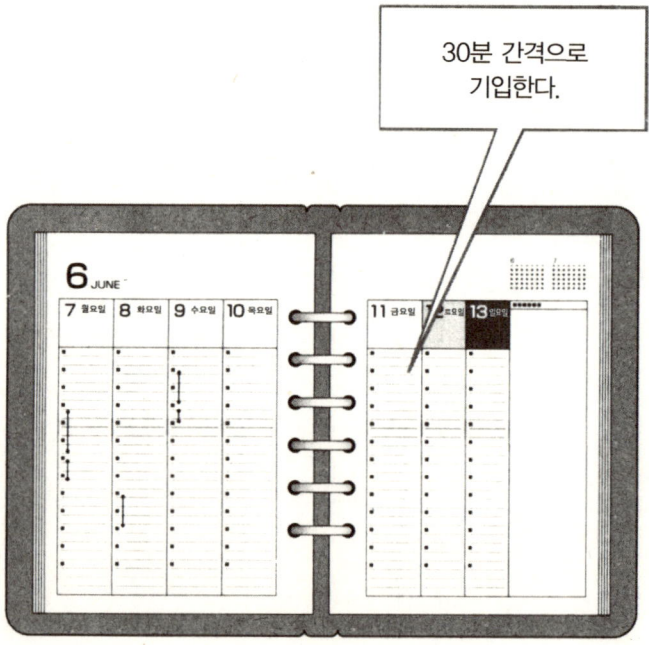

30분 간격으로 기입한다.

왼쪽 그림의 '30분 수첩'을 살펴보자.

"이런 수첩도 많이 봤어요. 이런 게 무슨 장점이 있나요?"

물론 장점이 있다. 30분 단위로 기입하므로 낭비하는 시간을 줄일 수 있는 것이다. 예를 들어 외부 미팅이 빨리 끝나는 바람에 3시 30분부터 4시까지 빈 시간이 생겼다고 하자. 이 때 '1시간 간격 수첩'으로 스케줄을 기록했다면 그 시간을 그냥 허비할 수도 있다. 시간 관리를 잘 하는 사람은 이 시간을 효율적으로 사용한다.

30분 수첩을 이용하면 버리는 시간도 주워 담을 수 있다

30분 수첩을 사용하면 빈 시간에는 한꺼번에 메일을 처리하거나 전화를 걸 수 있다. 하지만 30분 단위로 기록하지 않으면 '빈 시간'을 제대로 사용하지 못한다. 따라서 빈 시간을 효율적으로 활용하지 못해 낭비하는 시간을 만들게 된다.

시간 관리의 달인으로 유명하며 TV 해설자로도 활약하고 있는 이우먼 사의 사사키 카오리 사장이 한 말을 소개하겠다.

1시간 간격 수첩을 사용하면 하루의 행동을 효율적으로 사용하여 성과로 연결하는데 낭비되는 시간이 너무나 많습니다. 그런 면에서 30분 간격으로 시간의 흐름을 알 수 있는 수첩을 사용해야 합니다.

그렇다. 이 비법은 내 주변의 경험을 보아도 알 수 있다. 1시간 간격 수첩을 사용하던 사원들이 "큰일이다. 이래서 빈 시간이 생기는 거야."라고 깨닫더니, 지금은 모두 30분 간격 수첩으로 바꾸었다.

개인적인 스케줄이라면 상관없겠지만 업무에서는 30분 단위로 스케줄을 짜는 것이 중요하다. 30분 단위로 기록하면 자신의 스케줄에서 낭비되는 부분도 파악할 수 있다. 꼭 실행에 옮기기 바란다.

방법 | 스케줄 관리 수첩을 '30분 간격 수첩'으로 변경한다.
효과 | '30분 간격 수첩'이라면 '틈새 시간'을 유용하게 보낼 수 있다.

초간단비법 11 — 해야 할 일은 확실히 수첩에 적어라

   수첩에 관한 마지막 초간단 비법을 소개하겠다. 이 비법의 이름은 '나만의 스케줄'이다. 이는 자신이 혼자 해야 할 일까지도 모두 수첩 스케줄 표에 적는 것을 의미한다.

   당신의 다이어리에는 아마도 미팅이라든지, 회의 일정, 납기일 같은 것들만 적혀 있을 것이다. 그러나 '수요일, 3시간 동안에 제안서 작성하기' '금요일, 1시간 동안 회의 준비하기'처럼 혼자 할 일을 수첩에 적으면 보다 효과적으로 시간을 관리할 수 있다.

나만의 업무 시간을 확보하기 위해 수첩에 명확히 기록한다

당신의 수첩에 무엇이 기록되어 있는지 지금 살펴보자. 대부분 '외부인과 만남'이라든지, '회의' 등 사람을 만나서 하는 일이 기록되어 있을 것이다.

이렇게 하면 혼자서 일 할 시간을 확보하지 못하거나 외부의 일이 끊임없이 밀려들어와 결국 '내가 혼자 해야 할 일'을 못하게 된다. 그 결과 보고서 제출, 납기일 맞추기 등의 약속을 지키지 못하게 될 수도 있다.

반드시 이 비법을 실천하기 바란다.

'미리 혼자 해야 할 일을 확실하게 수첩에 적어 둘 것!'

이것이야말로 시간 관리의 달인이 되기 위한 첫걸음이다.

방법 | 나만의 일이라도 착실하게 수첩에 기록해 둔다.
효과 | 내가 해야 할 일의 작업시간을 확보할 수 있고 잊을 염려도 없다.

나만의 스케줄

초간단비법 12 자료 찾아 3만 리, 책상 위에 쌓여 있는 서류를 정리하라

이 초간단 비법의 명칭은 '매일·가끔·거의'이다. 일기예보를 떠올리면 이해하기 쉬울 것이다. 이 내용은 사실 '정리 정돈의 달인'이 되기 위한 비법이다. 여기서 한 가지 짚고 넘어가도록 하자. 당신은 정리와 정돈의 차이를 알고 있는가?

- 정리 : 필요 없는 것들을 버리는 일
- 정돈 : 반듯한 상태로 만드는 것

우리 주변에는 정리를 못하는 사람이 꽤 많다. 버릴 물건이 없기 때문이다. 이렇게 되면 책상 위에 서류가 잔뜩 쌓이고 자료는 어디에 있는지 찾을 수 없게 되어 헤매는 상황이 벌어진다. 자료를 찾는데 1시간을 매달리다가 결국 찾지도 못하고 옆 사람에게 빌리는 말도 안 되는 상황까지 벌어진다.

책상뿐만 아니라 컴퓨터 폴더 역시 불필요한 파일을 버리지 않으면 효율적으로 처리할 수 없다. 이렇게 정리·정돈을 못하는 사람을 위해 개발한 초간단 비법이 바로 '매일·가끔·거의'이다. 102쪽 그림을 살펴보자. 3가지 종류의 스티커가 있다.

이 스티커를 '책상 서랍'이나 '파일 정리 상자', '업무 파일' 등에 붙여보자. 그리고 먼저 '매일 사용'하는 것은 '해 모양'의 스티커를 붙인 상자에 넣어 둔다. 마찬가지로 '가끔 사용'하는 것은 '구름 모양'에, '거의 사용하지 않는' 것은 '눈사람 모양'에 넣는다. 이 정도면 간단하지 않은가?

3개월 동안 사용하지 않은 것은 버려라

● **거의 사용하지 않는 것**

지금부터가 중요하다. '거의 사용하지 않는 것'은 3개월 후

매일 · 가끔 · 거의

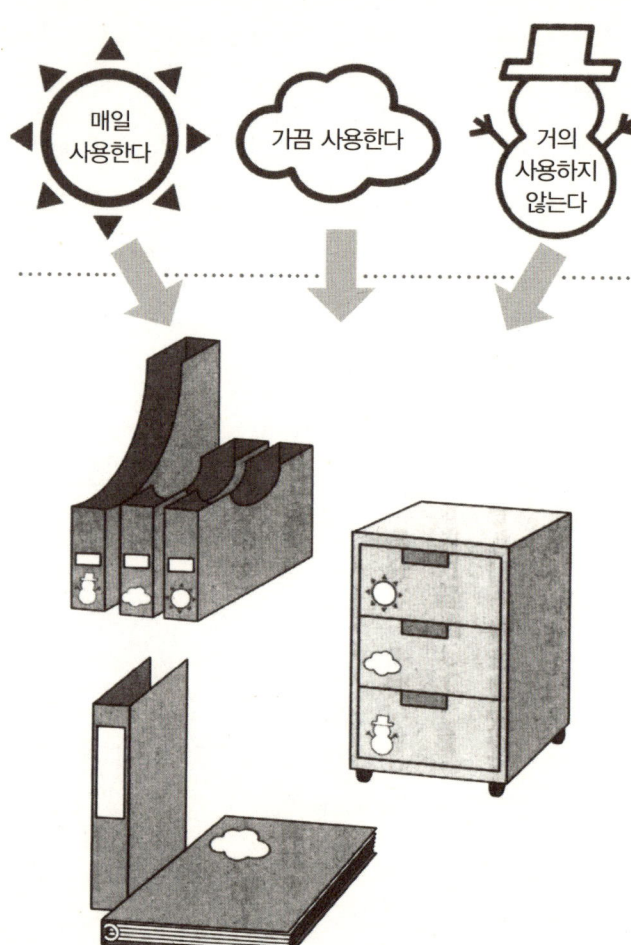

에 무조건 버려야 한다. 3개월 동안 사용하지 않은 것을 그 이후에 확인할 가능성은 거의 없다. 3개월 동안 손도 대지 않았다면 버려도 된다는 판단을 해야 한다.

● **가끔 사용하는 것**

'가끔 사용하는 것'을 3개월 동안 사용하지 않았다면 '눈사람 모양'으로 이동한다.

● **매일 사용하는 것**

마찬가지로 '매일 사용하는 것'에 넣어 두고 1주일 동안 사용하지 않았다면 '구름 모양'의 상자로 이동한다. 모두 정기적으로 옮겨 주어야 한다.

이와 같이 자신이 쓰는 물건을 '매일·가끔·거의' 스티커로 식별하면 정리 정돈의 달인에 첫 발을 내딛을 수 있다. '눈사람 모양'으로 이동하여 3개월이 경과하면 가차 없이 쓰레기통에 넣어도 전혀 문제되지 않는다. 아마 있어봤자 평생 손댈 일이 없을 것이다.

컴퓨터 폴더는 정기적으로 삭제하라

컴퓨터도 마찬가지다. 이렇게 분류하면 파일을 금방 찾을 수 있다. 그리고 '거의 사용하지 않는 것' 폴더에 들어 있는 파일은 정기적으로 삭제해도 좋다.

이 방법은 사적인 환경에서도 활용할 수 있으며, 옷장 정리에도 사용할 수 있다. 평소 정리·정돈을 잘하는 사람이라면 이미 실행하고 있을 것이다.

이것으로 시간 관리의 초간단 비법을 모두 소개했다. 이것으로써 서류를 찾는 데 드는 시간을 절약할 수 있으므로 분명 시간 관리의 달인이 될 수 있을 것이다.

방법 | '매일 사용한다' '가끔 사용한다' '거의 사용하지 않는다'로 분류한다.
효과 | 체계적으로 버리는 기술이 몸에 배어 정리·정돈으로 연결된다.

04

대화력

● **초간단 비법 13**_ 기억나는 대화는 겨우 7퍼센트, 내용을 의식하지 마라

● **초간단 비법 14**_ 미소 띤 얼굴은 아무리 강조해도 지나침이 없다

● **초간단 비법 15**_ 구체적인 숫자를 섞어 말하라

● **초간단 비법 16**_ 설득의 핵심, 결론부터 말하라

초간단 비법 13

기억나는 대화는 겨우 7퍼센트, 내용을 의식하지 마라

당신은 대화력이 충분하다고 생각하는가? 자신 있게 말하는 사람은 거의 없을 것이다. 그렇다면 먼저 007 대화법의 비법을 살펴보자. '007 대화법'은 어떤 상대라도 설득하고야 마는 대화법이다.

커뮤니케이션의 3요소

상대방에게 어떤 사실이나 의사를 전달하고 싶을 때는 다음과 같은 3가지 커뮤니케이션 요소가 반드시 필요하다.

- 이야기의 내용
- 대화 방법
- 보디랭귀지

'이야기의 내용', 목소리의 크기와 억양 등의 '대화 방법', 그리고 손짓 등의 '보디랭귀지'가 커뮤니케이션의 기본 요소다.

그렇다면 여기서 질문이다. 커뮤니케이션의 3가지 요소 중 이야기의 내용은 상대방에게 어떤 사실이나 의사를 전달하는 중요도로 판단했을 때 전체의 몇 퍼센트 정도 차지할까?

이런 질문을 하면 40~70퍼센트 사이의 대답이 많다. 그런데 사실 '007', 즉 7퍼센트다. 이야기의 내용은 겨우 7퍼센트에 불과하기 때문에 '007 대화법'이라는 이름을 붙인 것이다.

뛰어난 이야기꾼을 만드는 007 대화법

앨버트 메라비언(Albert Mehrabian) UCLA 심리학과 교수가 고안한 '메라비언의 법칙'은 대화에서 시각과 청각 이미지가 중요하다는 커뮤니케이션 이론으로 대화를 두 가지로 나누고 있다.

- 언어적
- 비언어적

이야기의 내용은 언어적이다. 반대로 어조나 억양, 단어 사용법 같은 '이야기 방법', 제스처나 표정 등의 '보디랭귀지'는 비언어적이다.//
'이야기의 내용', '이야기 방법', '보디랭귀지'의 비율은 다음과 같다.

- 이야기의 내용 → 언어적(7퍼센트)
- 이야기 방법 → 비언어적(38퍼센트)
- 보디랭귀지 → 비언어적(55퍼센트)

다시 말해 '이야기의 내용' 이외의 것이 93퍼센트나 차지한다. 우리는 이야기의 내용을 너무 의식하는 경향이 있다. 그렇지

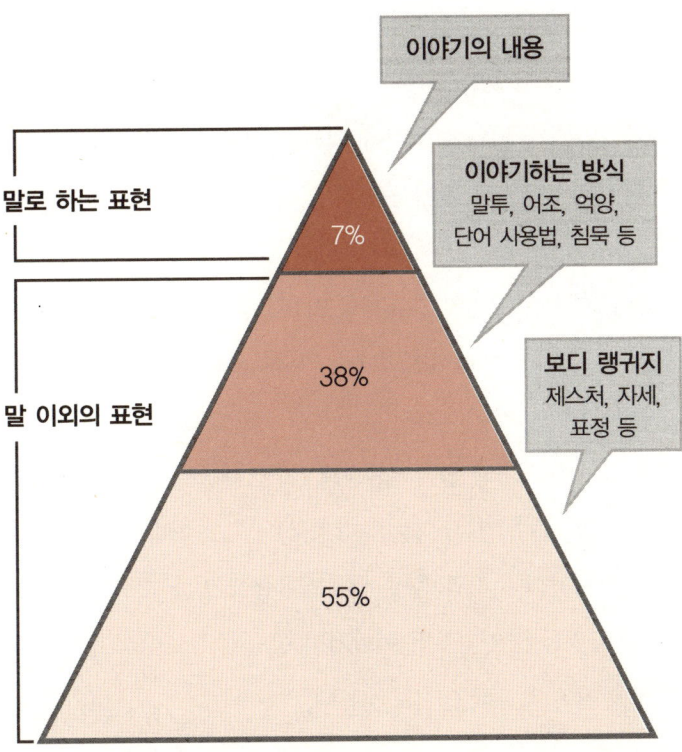

만 커뮤니케이션에 능숙한 서양인의 대화를 살펴보면 그 차이를 알 수 있다. 항상 제스처를 섞고, 억양이나 목소리의 크기에도 변화를 주며, 이야기의 속도나 틈을 중시한다. 이것만 신경 쓰면 누구나 뛰어난 이야기꾼이 될 수 있다.

이야기의 내용에 너무 치중하지 마라

상대방에게 어떤 사실이나 의사를 전달하기 위해서는 이야기의 내용만으로는 불가능하다. 이 사실을 잘 기억할 수 있도록 '007 비법'을 고안해 냈다.

"네? 겨우 그것뿐인가요?"라고 의문을 재기하는 사람이 있을지 모르겠다. 메라비언 법칙을 처음 접한 사람이라면 더 큰 충격을 받았을 것이다.

하지만 메라비언 법칙의 효과는 미국 대통령들의 연설을 살펴보면 잘 알 수 있다. 그들은 다소 격식 있고 딱딱한 동양의 대통령과는 달리 손짓과 몸짓 등이 자유롭고 얼굴 표정도 풍부하다. 서양인들은 일찍부터 이야기의 방법이나 보디랭귀지의 중요성을 잘 알고 있었는지도 모른다.

이렇듯 비언어적인 요소들을 충분히 활용하면 언어적인 부분까지도 기억에 오래 남게 된다. 이야기의 내용은 겨우 7퍼센트밖에 기억에 남지 않는다는 사실을 기억하기 바란다.

방법 | 기억에 남는 내용은 겨우 7퍼센트에 불과하다. 7퍼센트임을 명심하자.
효과 | 대화 방법이나 보디랭귀지를 생각하게 되어 잘 말할 수 있다.

비법 초간단 14 미소 띤 얼굴은 아무리 강조해도 지나침이 없다

이 비법은 미소를 지으며 상대방을 흘끔 쳐다보는 것을 말한다. 오른쪽 그림을 살펴보자.

강사는 세미나 룸에 들어가기 전에 '미소 띤 얼굴'을 한다. 웃는 눈만큼 좋은 인상을 주는 것도 없기 때문이다.

일 대 일의 경우에도 마찬가지다. 아침에 만났을 때 무뚝뚝한 표정으로 인사하기보다 살짝 웃으면서 인사하는 쪽이 훨씬 기분도 좋고 상대방에게 좋은 인상을 줄 수 있다.

보디 토킹의 6가지 핵심

자신의 생각을 전달하기 위해 가장 중요한 요소이자 '메라비언 법칙' 중 55퍼센트를 차지하는 보디랭귀지에 관해 한 번 더 설명하도록 하겠다.

나는 보디랭귀지를 수시로 잘 활용하는 이야기 방법을 '보디 토킹'이라고 이름지었다. 보디 토킹이란 시선, 표정, 움직임 등 몸 전체를 사용하여 표현하는 이야기 방법이다. 보디 토킹을 제대로 실행하기 위한 핵심 내용 6가지를 살펴보자.

보디 토킹의 6가지 핵심

스마일 토크(Smile Talk)

아이 토크(Eye Talk)

핸드 토크(Hand Talk)

액션 토크(Action Talk)

리액션 토크(Reaction Talk)

터치 토크(Touch Talk)

먼저 스마일 토크는 말 그대로 웃는 얼굴을 말한다.

아이 토크는 '눈도 입만큼 말을 한다.'는 의미로서 눈과 눈의 의사소통이 훨씬 더 효과적이라는 뜻이다. 더불어 이런 스마일 토크와 아이 토크를 간단히 실행할 수 있는 것이 앞에서 소개한 '미소'이다.

핸드 토크는 손짓을 말하며, 액션 토크는 몸짓을 말한다.

리액션 토크는 상대방과 똑같은 몸짓을 하는 것이다. 예를 들어 상대방이 오른손을 책상 위에 내놓고 있을 때는 자신도 오른손을 내놓고, 상대방이 몸이 앞으로 기울이면 자신도 몸을 앞으로 기울이는 식으로 하면 된다. 이렇게 함으로써 상대방의 마음을 열어 호감도를 높일 수 있다.

터치 토크는 스킨십을 말하는데 이는 정치인들의 무기로도 통한다. 정치계에는 "악수를 하는 횟수가 승패를 결정한다."는 말이 있을 정도다. 그만큼 스킨십은 인간관계의 기술 중 가장 효과가 크다.

방법 | 누군가를 만났을 때 웃으며 상대방의 눈을 보는 것만으로도 매력적인 사람이 될 수 있다.
효과 | 웃는 눈만큼 좋은 인상을 주는 것은 없다.

구체적인 숫자를 섞어 말하라

이야기를 효과적으로 전달하는 사람들을 자세히 관찰해 보면 한 가지 공통점을 발견할 수 있다. 바로 핵심 내용만 간단명료하게 전달하는 것에 능숙하다는 것이다. 이때 핵심 내용을 간단명료하게 전달한다는 것은 구체적이라는 것을 의미한다. 구체적으로 이야기하는 것은 대화의 기술을 향상시키는 가장 좋은 방법이다. 다음 두 사람의 문장을 비교해 보자.

● 영업사원 A

고객님, 당사의 상품은 확실히 유용할 것입니다. 수많은 고객님들에게 호평을 받아 입증되었으므로 믿어도 됩니다.

● 영업사원 B
고객님, 당사의 상품을 사용하면 경비 삭감을 아주 쉽게 유도할 수 있습니다. 타사 제품의 ○○기술을 사용하여 비용 절감을 달성했습니다. 현명한 판단을 하기 바랍니다.

두 사람의 문장 중 후자가 더 설득력이 높다는 것은 어렵지 않게 알 수 있다.

구체적인가 추상적인가

이번에는 자문자답 시간이다. 당신은 상사에게 또는 동료나, 후배에게 구체적인 내용으로 이야기를 하는가?

A씨 : 구체적이지않아 전혀 못 알아듣겠어.
B씨 : 미안, 지금 한 말은 구체적이지 않았어.

구체적인 숫자를 나열하라

구체적으로 이야기하고

숫자로 이야기하며

한마디로 정리한다

이런 식으로 구체적인 이야기를 하도록 이끌어야 한다.

구체적으로 이야기하기가 익숙해졌다면 다음은 숫자를 이용하자. 숫자를 섞어 말을 하는 것이다.

● A씨

과장님, 이번 매출 향상 작전을 실행하면 보장할 수 있습니다.
꼭 제가 맡고 싶습니다.

● B씨

과장님, 이번 매출 향상 작전을 실행하면 전년 대비 120퍼센트는 기대할 수 있습니다.
꼭 제 계획대로 할 수 있도록 기회를 주십시오.

과장은 누구에게 일을 맡길 것인가? 당연히 B씨일 것이다. 하지만 이렇게 평소에 숫자로 말을 하기란 어렵다. 사실 숫자로 말하는 데는 대화의 기술이 필요 없다. 데이터를 가져오기만 하면 된다. 생각하고, 의견을 듣고, 책이나 잡지에서 숫자를 추출하는 버릇을 들여야만 숫자로 이야기하는 것에 익숙해질 수 있다. 어쨌든 무조건 숫자가 들어가면 설득력은 확실히 높아지므로 실천해 보기 바란다.

한마디로 정리하기 위해서는 생각을 거듭해야 한다

마지막 최후의 비결은 한마디로 정리하는 것이다.

● A안

당사의 문제는 여러 가지가 있습니다만 제가 걱정하는 것 중 가장 큰 문제는 사원들의 사기입니다. 역시 여러 가지를 고려해 보면 사원들이 활기를 잃은 것이 가장 걱정이 됩니다. 사원이 활기가 없으면······.

● B안

당사의 과제는 사원이 활성화되어 있지 않은 것이라고 생각합니다. 왜냐하면······.

위 두 가지 예시 중 B안이 압도적으로 깔끔하고 정리된 듯한 느낌을 준다. 숫자를 곁들이고 구체적으로 이야기하는 것과 마찬가지로 한마디로 정리하여 말하는 것이 훨씬 이해하기 쉽고 말하고자 하는 핵심을 정확하게 전달 할 수 있다.

하지만 아무리 효과적이라고 해도 대화를 하면서 정리하는 것에 익숙하지 않다. 한마디로 정리하기 위해서는 대화의 기술뿐만 아니라 고난위도의 사고력을 요하기 때문이다.

평소 상사나 부하직원과의 대화에도 자신이 구체적으로 말을 하고 있는지, 숫자가 들어갔는지 그리고 한마디로 정리했는지 등을 습관적으로 확인하자. 그렇게 한 달만 습관을 들이면 월등히 성취된 대화의 기술을 확인할 수 있을 것이다.

방법 | 구체적으로 숫자를 넣어 이야기한다.
효과 | 구체적으로 숫자를 넣어 한마디로 이야기하므로 설득력이 높다.

설득의 핵심, 결론부터 말하라

이제 대화의 기술 향상을 위한 초간단 비법 중 마지막이다. 이름 하여 '결론부터 말하면, 왜냐하면'이다. 이 두 문장을 반드시 수시로 사용하는 습관을 들이자.

결론부터 말하면 상대방이 이해하기 쉽다

● 영업사원 A
결론부터 말하면, 매출 향상에는 ○○작전이 좋다고 생각합니다.

왜냐하면, 이 작전을 실행하면 경쟁사인 K사의 강점에 대항할 수 있습니다. 게다가 계획대로 잘 해 나가면 전년 대비 120퍼센트의 향상을 기대할 수 있습니다.

● 영업사원 B
계획을 세울 필요가 있다고 생각합니다만, 확률로 보면…… 작년보다 향상시켰으면 합니다. 전년 대비 120퍼센트 매출 향상을 목표로 하고 있습니다. 경쟁사인 K사에 대한 대책으로서는 K사에는 약점이 있으므로 그 약점을 영업과 연계하여 파고들어가려고 합니다. 그래서 매출 향상 작전이라는 것이 되는데…….

A의 이야기가 명쾌하고 알기 쉽게 느껴지는가? 반면 B의 이야기는 도대체 무슨 말을 하는지 이해가 안 되는데다 횡설수설하는 것처럼 들린다.

사적인 대화와 달리 비즈니스 대화에서는 결론부터 말하는 것이 이해하기 쉬울뿐더러 설득력이 높다. 하지만 이 또한 행동에 옮기기란 그리 쉽지 않다. 언어의 구조 때문에 결론부터 말하는 것이 어렵게 느껴질 수 있다. 예를 들어 영문 구조는 주어 다음에 동사가 오므로 필연적으로 결론부터 말을 하게 되어 있다. 하지만 우리말은 동사가 맨 마지막에 오기 때문에 차이가 있을 수밖에 없다.

- I believe you because you are honest and tender
  (나는 당신을 믿습니다. 당신은 정직하고 친절하니까요.)

- 번역 : 당신은 정직하고 친절하므로 나는 당신을 믿습니다.

평소에 대화할 때 의식적으로 결론부터 말하며 '왜냐하면'을 사용해 보자.

구체적으로, 숫자로, 한마디로 이야기할 수 있다

'결론부터 말하면, 왜냐하면'이라는 말을 습관으로 익히면 어쩔 수 없이 뒤에 구체적인 내용을 구사할 수밖에 없다. 이때 숫자를 함께 넣어야 설득력이 생기며, 여기에 결론부터 말하면 한마디로 정리할 수 있어 앞에서 설명한 구체적인 숫자의 사용법을 완전히 정복하게 된다.

반드시 '결론부터 말하면, 왜냐하면'의 대화방식을 익혀 두도록 하자. 구체적인 이야기를 구사할 수 있고, 전달하려는 핵심만 한마디로 간단명료하게 이야기할 수 있게 되므로 설득력 높은 대화의 달인이 될 수 있을 것이다.

방법 | 대화할 때 결론부터 말하면, 왜냐하면을 사용한다.
효과 | 결론을 한마디로 말할 수 있게 되고, 구체적인 숫자를 섞어 이야기하는 습관이 길러진다.

05 청취력

- **초간단 비법 17_** 이야기를 경청할 준비 자세를 만들어라
- **초간단 비법 18_** 시선만 맞추지 마라, 몸은 반드시 상사를 향해라
- **초간단 비법 19_** 맞장구는 긍정의 인상을 심어주는 마법의 단어
- **초간단 비법 20_** 상대방의 말을 반복해서 사용하라

초간단 비법 17

이야기를 경청할 준비 자세를 만들어라

당신은 '경청 모드 스위치'라는 말을 들어본 적이 있는가? 그리고 '스위치'라는 말에서 무엇을 연상했는가? 전기? 혹은 형광등? 그렇다면 스위치를 켜면 형광등은 어떻게 될까? 불이 켜지거나 꺼질 것이다. 스위치는 이렇듯 무언가가 전환되는 이미지며, '경청 모드 스위치'는 바로 '전환'이라는 작업을 나타내는 단어다. 당신도 한번쯤 이러한 '전환 스위치'가 있으면 좋겠다는 생각을 한 적이 있을 것이다. 그렇다면 지금부터 상사가 하는 말을 잘 들어 보자. '스위치 On'을 할 수 있는 장치 하나만 있으면 직장에서의 커뮤니케이션이 원활해질 것이다.

나만의 경청 모드 스위치를 켜라

'경청 모드 스위치'는 상대방의 이야기를 들을 준비를 위한 나만의 '스위치'다. 그렇다면 다음 그림을 살펴보도록 하자. 나에게 '그래, 지금부터 진지하게 듣자'라고 마음먹게 한 스위치는 바로 '심호흡'이다.

'후우' 하고 숨을 내쉬면 상대방에게 들리지만 작게 심호흡하면 잘 안 들린다. 게다가 심호흡을 하는 동안은 말을 하지 않기 때문에 단숨에 기분을 전환하여 경청 모드에 돌입할 수 있다. 방법은 아주 간단하다.

'심호흡' 이외에도 자신이 좋아하고 손쉽게 할 수 있는 경청 모드 스위치를 찾으면 된다.

예를 들어 오른쪽 그림처럼 손목시계를 책상 위에 올려놓고 '그래, 이제부터 10분 동안은 진지하게 듣자.'라고 자신에게 최면을 걸거나, 휴대전화가 신경이 쓰이는 경우에는 전원을 꺼 놓음으로써 '그래, 잘 들어 보자.'라는 각오로 자신만의 경청 스위치를 켜면 되는 것이다.

자, 이제부터 자신에게 맞는 경청 모드 스위치를 생각해 보자. 참고로 세미나 수강생들이 뽑은 '베스트 스위치'를 소개하겠다.

한 남자가 사무실에서 한창 컴퓨터로 작업 중이다. 그때 상사가 부르는 소리가 들린다. 그러자 그는 모니터에서 시선을 떼고 상사를 쳐다본다. 하지만 부하 직원이 "과장님!" 하고 부를 때 상사가 "왜?"라는 말만 하고 상대방을 쳐다보지 않는다

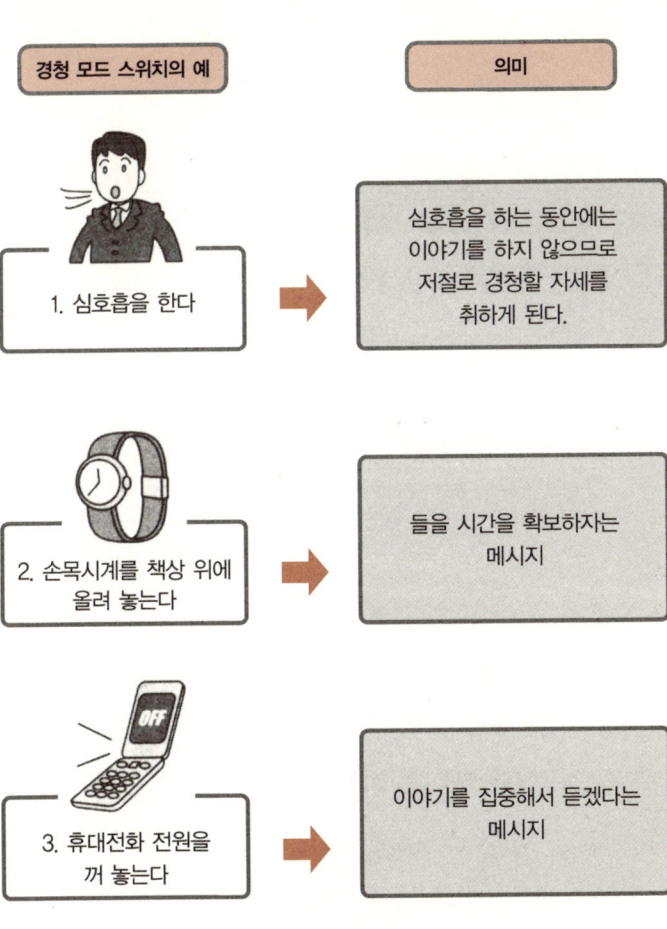

면? 그는 키보드를 두드리면서 부하 직원이 하는 말을 듣고 있는 것이다. 이러한 태도는 바람직하지 못하니 항상 상대방의 얼굴을 쳐다보고 대화를 하도록 한다.

또 '의자를 끌어와서 상대방을 바라본다.'라는 사람도 있었다. 조금 멀리 떨어져 있는 경우 의자를 움직여 상대방을 향함으로써 '잘 듣자'라는 생각을 하게 만드는 것이다. 장소를 바꿔보는 것도 좋은 방법이다. 회의실로 자리를 옮기면 그 행동 자체로 스위치가 켜지게 된다.

'양손을 잡고 상대방이 있는 방향을 향한다.'는 재미있는 의견도 있었다.

'양손을 꼭 쥔다고? 그녀의……?'

그렇게 되면 '연애 스위치'가 아닌가. 꼭 쥐어야 하는 것은 당연히 자신의 양손이다. 그리고 물을 마신다. 물을 마시면서 기분을 전환하는 것이다. 너무 급하게 마셔서 기침이 나오지 않도록 조심하자.

또 '상대방과 눈높이를 맞춘다.'는 의견도 있었다. 기대 이상의 여러 가지 아이디어가 나왔다. 지금 소개한 아홉 가지 아이디어 중에서 선택해도 좋고 자신만의 방법을 활용해도 좋다. 이렇게 진지하게 이야기를 들으면 상대방은 당신이 자신의 이야기를 잘 들어준다는 생각에 만족해 할 것이다.

최고의 경청은 마음으로 듣는 것이다

'경청 모드 스위치'는 경청의 가장 기본인 '마음 청취'를 실행하기 위한 비법이다. '마음 청취'란 상대방의 마음을 받아들이고 이야기를 마지막까지 솔직하게 듣는 것을 말한다. 그렇다면 마음으로 듣기 위해서는 어떻게 해야 할까? 여기서 마음 청취, 즉 하트 리스닝의 3가지 규칙을 소개하고자 한다.

하트 리스닝의 3가지 규칙
- 이야기를 들으면서 말하지 않는다.
- 상대방의 이야기를 자르지 않는다.
- 'No'라는 말을 하지 않는다.

위의 3가지만 철저하게 지키면 상대방은 100% 만족하리라 자신한다. 하지만 청취의 가장 기본 사항인 3가지를 준수하기란 어려운 일이다. 계속 듣기만 하면 지치기도 하고 나도 모르

마음 청취의 3가지 규칙

1 이야기를 들으면서 말을 하지 않는다.

2 상대방의 이야기를 자르지 않는다.

3 'No'라는 말을 하지 않는다.

게 도중에 끼어들어 이야기하고 싶어진다. 그리고 '그건 좀 아니지 않나?' 하는 생각이 들어 괜한 심통을 부리고 싶어질 때도 있다. 이러한 노이즈를 간단히 제거할 수 있는 방법이 바로 '경청 모드 스위치'이다.

따라서 자신만의 경청 모드 스위치를 켜고 하트 리스닝의 3가지 규칙, 즉 이야기를 들으면서 말을 하지 않으며, 상대방의 이야기를 자르지 않고. 마지막으로 'No'라고 이야기하지 않는 것만 명심하면 된다. 그러면 상대방은 당신에게 반드시 호감을 가지게 될 것이다.

방법 | 심호흡을 하는 등의 스위치를 정해 두고 전원을 넣는다.
효과 | 순간적으로 상대방의 이야기를 듣는 전문가 모드로 전환할 수 있다.

초간단 비법 18 시선만 맞추지 마라, 몸은 반드시 상사를 향해라

　몸으로 상대방의 이야기에 집중한다는 의미를 가진 '배꼽 청취'란 자신의 배꼽을 상대방 쪽으로 향하도록 하는 것을 말한다. 배꼽 청취는 '일 대 일'보다 '일 대 다수'의 경우에 아주 효과적이다. 왜 그럴까? 일 대 일의 경우에는 '배꼽 청취'를 할 수밖에 없기 때문이다. 하지만 다수가 되면 무심결에 얼굴만 상대를 향하게 된다. 하지만 배꼽을 움직여 몸 전체를 향하는 것이 가장 긍정적인 청취 자세다. 이 '배꼽 청취' 하나만으로도 상대방의 호감을 얻을 수 있기 때문이다.

　따라서 사람이 많은 경우에는 배꼽 청취가 효과적이다. 물론

일 대 일이라도 몸을 상대방 쪽으로 향하고 이야기를 듣는 배꼽 청취 자세를 취하는 것이 좋다. 상대가 '저 사람이 내 이야기를 경청하고 있군.'이라는 느낌을 받을 것이다.

배꼽 청취

몸 전체가 말하고 있는 사람의 배꼽을 향하도록 한다.

보디 리스닝으로 이야기에 집중하고 있다는 것을 보여준다

보디 리스닝이란 태도·자세·시선 등 몸을 사용하여 시각적으로 '잘 듣고 있습니다.'라고 전달함으로써 상대방의 호감을 얻는 경청 능력을 말한다. 보디 리스닝의 3가지 규칙을 명심하자.

보디 리스닝의 3가지 규칙
- 고개 끄덕이기
- 상대방 바라보기
- 메모하기

보디 리스닝의 3가지 규칙은 청취의 가장 중요한 기본이다. 배꼽 청취를 꼭 실행해보기 바란다. 상대방의 반응이 좋다면 그것이야말로 확실한 스킬이 아니겠는가.

방법 | 눈과 귀를 상대방의 '배꼽'에 집중하여 진지하게 이야기를 듣는다.
효과 | 몸을 상대방에게 향함으로써 이야기에 집중하고 있다는 것을 전달한다.

초비간단법 19

맞장구는 긍정의 인상을 심어주는 마법의 단어

이 비법은 '아하, 그 역 맞아!'로 이름을 지어 보았다. '무슨 길이라도 물어보는 것이 아닌가?' 하는 생각이 들겠지만, 이해하기 쉽도록 만들어 본 것이니 설명을 잘 들어보기 바란다.

'아하, 그 역 맞아!'를 풀이하면 다음과 같다.

- 아하! → 맞장구
- 그 → 그래?
- 역 → 역시!
- 맞아 → 맞아!

나는 수많은 강의를 통해 사람들이 가장 호감을 느낄 수 있는 어휘를 분석하고 조사해 보았다. 그중 베스트 3 순위를 집계해 보니 '그래?', '역시!', '맞아!' 였다. 그래서 이 베스트 순위에 착안하여 '아하, 그 역 맞아!' 로 이름을 붙인 것이다. 나는 사람들의 대화 내용을 자세히 관찰해 보면서 이 3가지 단어 중

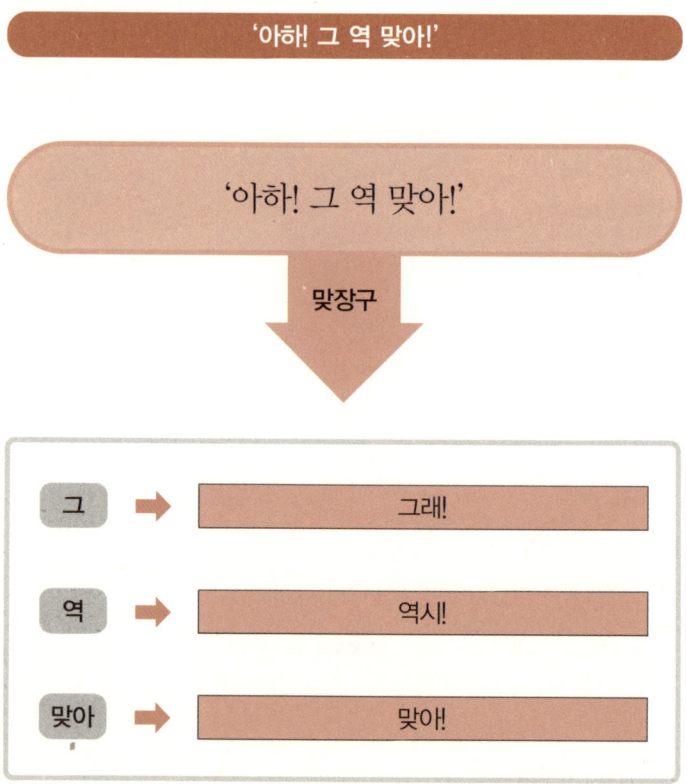

어느 하나를 빈번하게 사용하는 경우를 발견했다. '그래?'를 많이 사용하는 사람, '역시!'를 많이 사용하는 사람 혹은 '맞아!'를 많이 사용하는 사람 등 다양했다. 하지만 이왕이면 '베스트 3'을 기억해 두고 각각의 상황에 맞춰 동시다발적으로 사용할 수 있기를 바란다.

이 3가지 단어는 상대방의 말을 들을 때 상황에 맞게 주기적으로 반복해 주는 것만으로도 '저 사람이 내 이야기를 잘 듣고 있다.'라는 인상을 심어 줄 수 있는 마법의 단어다.

대화에 활력을 주는 리턴 리스닝

'아하, 그 역 맞아!'는 '리턴 리스닝'을 바탕으로 한다. 리턴 리스닝이란 맞장구나 반복 등 음성 정보를 상대방에게 적절하게 되돌려 줌으로써 대화에 활력을 주는 경청 방법이다.

리턴 리스닝의 3가지 규칙

1 상황에 맞는 장단

2 센스 있는 맞장구

3 상대방이 하는 말을 반복

리턴 리스닝의 3가지 규칙

- 상황에 맞는 장단
- 센스 있는 맞장구
- 상대방이 하는 말을 반복

이러한 리턴 리스닝을 간단히 실행할 수 있는 것이 '아하, 그 역 맞아!'이다. 긍정적인 맞장구는 정말 중요하기 때문에 충분한 연습을 하자.

방법 | '그래?', '역시!', '맞아!' 등의 맞장구를 친다.
효과 | 상대방은 자신의 이야기를 긍정적으로 잘 들어주고 있다고 느낀다.

초간단비법 20
상대방의 말을 반복해서 사용하라

먼저 오른쪽 그림을 살펴보자.

이 초간단 비법의 이름은 '앵무새 둔갑술'이다. 혹시 상대방의 말을 반복하는 앵무새의 이미지가 떠올랐는가? 정답이다. 무조건 완전히 익혀 두기 바란다.

다음의 실제 대화를 살펴보자. 앵무새 둔갑술은 상대방의 말을 반복해서 사용하는 것이다. 이러한 경청법은 스스로 의식하지 않고 자연스럽게 나올수록 효과가 크다. 상대방은 자신이 한 말을 반복한다는 것에 '이 사람은 정말 내 이야기를 진지하게 들어주고 있구나.'라고 생각하게 된다.

앵무새 둔갑술

방법 | 상대방의 말을 반복한다.
효과 | 상대방이 자신의 이야기를 진지하게 들어주고 있다고 느낀다.

청취력은 왜 중요한가?

 이야기를 듣는 것만으로 커뮤니케이션의 80퍼센트는 성공한 셈이라는 말이 있다. 데일 카네기는 일찍이 '상대방의 이야기만 잘 들어도 인생의 80퍼센트는 성공한 셈이다.'라고 말했다.
 어째서 상대방의 이야기만 잘 들어도 인생의 80퍼센트는 성공했다고 말하는 걸까? 이야기를 잘 들어주는 사람은 그만큼 상대방의 마음을 잘 헤아리고 잘 풀어 주기 때문이다.

59 대 1의 법칙은 인간관계의 비결이다

사람은 누구나 듣는 것보다 말하는 것을 좋아한다. 그래서 잘 들어주는 사람을 만나면 더욱 반갑고 자연스럽게 자신에 대한 말을 많이 하게 되고 쉽게 마음을 열게 된다. 누군가를 만나 1시간 중 59분 동안 수다를 떨 수 있다면 정말 후련하지 않겠는가? 그래서 나는 직원들에게 종종 이렇게 말을 한다.

"59 대 1의 리듬으로 가도록!"

당신이 영업을 하는 상황이라고 가정해보자. 거래처를 방문하여 첫 질문을 "사장님, 가장 큰 고민이 무엇인가요?"라고 물으면 그는 마치 기다렸다는 듯 줄줄 이야기를 늘어놓을 것이다. 1시간 중 59분 정도 이야기를 하고 나면 그는 아주 후련한 표정을 지을 것이다. 그리고 59분 동안 이야기를 다 들은 후 그의 고민을 1분 만에 해결해보라.

이처럼 이야기를 끝까지 듣는다는 자세로 상대방과 대화해보자. 그러면 별다른 노력 없이도 상대에게 매력적으로 어필할 수 있을 것이다.

모름지기 이야기를 들어주는 사람이 매력적인 법이다. 이것이 상대방의 이야기만 잘 들어줘도 인생의 80퍼센트는 성공하는 비결이다.

상대방의 이야기를 들어줌으로써 결국 호감을 얻고 남보다 빨리 성공한다는 사실은 일뿐만 아니라 인간관계를 주고받아야 하는 모든 사람에게 통용되는 진리기도 하다.

이야기를 듣는 것은 어려운 일이다

그렇다면 왜 그렇게 상대방의 이야기를 듣는 것이 어려울까? 그 이유를 잠깐 소개하겠다.

상대방의 이야기를 듣는 것이 어려운 6가지 이유
- 듣는 것 보다 이야기하는 것이 재미있으니까
- 다음에 무슨 이야기를 할지 생각해 두느라고
- 어차피 시시한 이야기니까
- 상대방에게 관심이 없어서
- 재미가 없어서 딴 생각을 하느라고
- 무슨 말인지 도저히 이해하기 어려워서

상대방의 이야기를 듣는 것은 어려운 일이다. 하지만 인생의 성공을 위해서 '청취력'은 반드시 익혀 두어야 한다.

호감을 얻을 수 있는 청취의 5가지 원칙

『능력 있는 사람의 듣는 방법과 질문 테크닉』의 저자 하코다 타다아키는 '상대방에게 호감을 주는 청취의 기술'로 5가지 원칙을 세웠다.

호감을 주는 청취의 5가지 원칙
- 80 대 20의 법칙으로 들어라
- 상대방의 이야기를 훔치지 마라
- 상대방의 이야기를 즉석에서 부정하지 마라
- 상대방이 하는 말을 즉석에서 긍정하라
- 반론에 반론을 거듭하지 마라

이때 80 대 20의 법칙은 80퍼센트는 듣고 20퍼센트만 말을 하라는 의미다. 하지만 사람들은 대부분 간단히 실행할 수단을 몰라 고민을 하게 된다.

외쳐라, 포지티브 리스닝

이제 오른쪽 그림을 살펴보자. 이것이 '포지티브 리스닝'의 체계도다. 일반적으로 '액티브 리스닝'이라고도 하는데 다른 말이 없을까 고민을 거듭하다가 '포지티브 리스닝'을 생각해 냈다.

'포지티브 리스닝'은 '제대로 듣고 있어요!', '흥미롭군요!'라는 메시지를 상대방에게 전달하는 것이다. 상대방의 마음을 활짝 열어 줄 듣기 방법인 것이다.

이것은 3가지 체계로 구성되어 있다. 151쪽의 그림에서 보듯이 '포지티브 리스닝'의 각 스킬을 '초간단 비법'으로 사용해 보도록 하자.

포지티브 리스닝의 3가지 체계
- 하트 리스닝 : 마음으로 듣는다
- 보디 리스닝 : 몸으로 듣는다

포지티브 리스닝의 3가지 체계

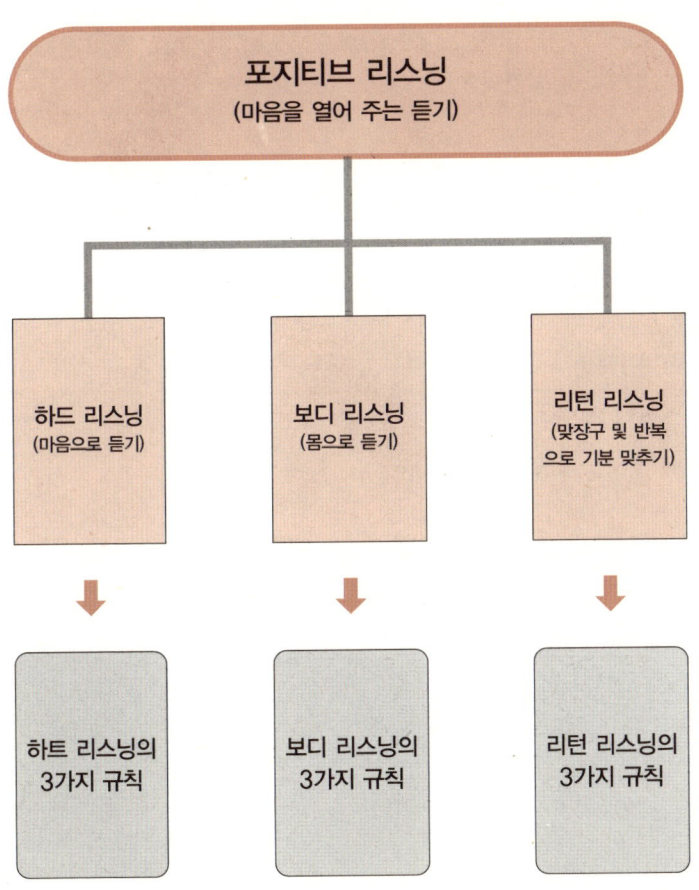

● 리턴 리스닝 : 맞장구와 반복으로 상대방의 기분을 좋게 하여 더 많은 이야기를 할 수 있도록 유도한다.

오른쪽 그림을 살펴보자. 사실, '듣다'라는 뜻의 한자인 '청(聽)'은 다음과 같다.

耳(귀) + 體(눈을 포함) + 心(마음) = 聽(듣다)

이야기를 들을 때는 귀뿐만 아니라 마음과 몸을 사용해야 한다. 이때 하트 리스닝은 마음에 해당한다. 더불어 몸은 보디 리스닝에 해당한다. 그리고 제대로 듣고 맞장구를 쳐 주고 반복해 주면 리턴 리스닝이 된다.

| 에필로그 |
지금 당장 실행하라

실제로 초간단 비법 20은 정말 간단히 실행할 수 있다. 그렇기 때문에 '나만의 방식으로 할 수 있다.'는 의욕이 생겨 지속할 수 있고 눈에 띄게 성장할 수 있다. 쓰기, 사고, 시간관리, 대화, 청취의 5가지 능력을 익히고 단련시키고 싶은가? 여기에 선물이 있다.

'이것이라면 기본 스킬을 익힐 수 있겠는걸?'이라는 생각이 들었는가? 그렇다면 그보다 더 기쁜 일은 없을 것이다.

당장 실행으로 옮기고 싶어졌다면, 그 중 단 하나라도 마음에 드는 것부터 실행해 보기 바란다. 물론 자신에게 필요한 능력만 골라 시작해도 상관없다. 실제로 실천해 보는 것이 중요하다. 그리고 '작은 성공'을 이루기 바란다.

실천해 보니 조금 나아졌다고 느끼기만 하면 그때부터 사람은 '좀 더 해보자.'라는 생각이 들어 스스로 움직이게 된다. 그래서 지속할 수 있게 되는 것이다. '내 나름대로 잘 해낼 수 있을 것 같아.'라고 생각하는 것이 중요하다. 그렇기 때문에 '작은 성공'을 하나씩 쌓아 나갔으며 하는 바람이다.

하나의 초간단 비법을 시작하면 그 다음 비법도 도전하자. 그렇게 작은 성공을 점점 저축하여 어느 시점이 되면 당신은 눈에 띄게 성장해 있을 것이다. 이런 과정을 밟으면 된다.

이번에 소개한 '일의 5가지 능력'을 익히기 위해서는 이론만으로는 어렵다. 간단히 할 수 있는 방법이 필요하다.

그렇기 때문에 비즈니스 스킬 연수 강연에서 가장 큰 호평을 받았고, 실제로 5만 명 이상의 수강생이 최고라고 극찬한 초간단 비법을 소개한 것이다. '간단 실행', '쉽게 지속', '눈에 띄는 성장' 이 3가지가 핵심인 초간단 비법으로 업무에 반드시 필요한 5가지 기본 능력을 익혀 작은 성공을 쟁취하고, 최종적으로 큰 성공을 이루기를 진심으로 바란다.

- 시라가타 토시로

입사 1년 차 교과서

펴낸날 초판 1쇄 2012년 6월 4일

지은이 **시라가타 토시로**
옮긴이 **나희**
펴낸이 **심만수**
펴낸곳 **(주)살림출판사**
출판등록 1989년 11월 1일 제9-210호

경기도 파주시 문발동 522-1
전화 031)955-1350 팩스 031)955-1355
기획·편집 031)955-4671
http://www.sallimbooks.com
book@sallimbooks.com

ISBN 978-89-522-1008-1 13320

* 값은 뒤표지에 있습니다.
* 잘못 만들어진 책은 구입하신 서점에서 바꾸어 드립니다.

책임편집 **박종훈**